SUPER
J-Book Series

科目別 過去問題集

2024 高卒認定

スーパー実戦過去問題集

数学

JN113433

編集 ● J-出版編集部 制作 ● J-Web School

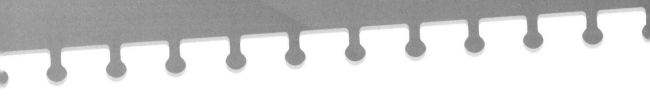

最新過去問題
&詳細解説
6回分
2021~2023年

J-出版

もくじ

高卒認定試験情報ほか

問題／解答・解説

高卒認定試験の概要

1. 高等学校卒業程度認定試験とは

　高等学校卒業程度認定試験（高卒認定試験）は、高等学校を卒業していないなどのため、大学等の受験資格がない方に対し、高等学校卒業者と同等以上の学力があるかどうかを認定する試験です。合格者には大学・短大・専門学校や看護学校などの受験資格が与えられるだけでなく、高等学校卒業者と同等以上の学力がある者として認定され、就職、転職、資格試験等に広く活用することができます。ただし、試験で合格要件を満たした者が満18歳に達していないときには、18歳の誕生日から合格者となります。

2. 受験資格

　受験年度末の3月31日までに満16歳以上になる方。現在、高等学校等に在籍されている方も受験が可能です。ただし、すでに大学入学資格を持っている方は受験できません。

3. 実施日程

　試験は8月と11月の年2回実施されます。8月試験と11月試験の受験案内（願書）配布開始日、出願期間、試験日、結果通知送付日は以下のとおりです（令和6年度の実施日程を基に作成しています。最新の実施日程については文部科学省のホームページを確認してください）。

	第1回（8月試験）	第2回（11月試験）
配 布 開 始 日	4月1日(月)〜	7月16日(火)〜
出 願 期 間	4月1日(月)〜5月7日(火)	7月16日(火)〜9月6日(金)
試 験 日	8月1日(木)・2日(金)	11月2日(土)・3日(日)
結果通知送付日	8月27日(火)発送	12月3日(火)発送

4. 試験科目と合格要件

　試験の合格者となるためには、合格要件に沿って8科目もしくは9科目の試験科目に合格することが必要です（「理科」の選択科目によって科目数が異なります）。

教科	試験科目	科目数	合格要件
国語	国語	1	必修
地理歴史	地理	1	必修
	歴史	1	必修
公民	公共	1	必修
数学	数学	1	必修
理科	科学と人間生活	2または3	以下の①、②のいずれかが必修 ①「科学と人間生活」の1科目と「物理基礎」、「化学基礎」、「生物基礎」、「地学基礎」のうち1科目（合計2科目） ②「物理基礎」、「化学基礎」、「生物基礎」、「地学基礎」のうち3科目（合計3科目）
	物理基礎		
	化学基礎		
	生物基礎		
	地学基礎		
外国語	英語	1	必修

5. 試験科目の出題範囲

試験科目	出題範囲（対応する教科書名）	
国語	「現代の国語」「言語文化」	
地理	「地理総合」	
歴史	「歴史総合」	
公共	「公共」	
数学	「数学Ⅰ」	
科学と人間生活	「科学と人間生活」	令和4年4月以降の高等学校入学者が使用している教科書
物理基礎	「物理基礎」	
化学基礎	「化学基礎」	
生物基礎	「生物基礎」	
地学基礎	「地学基礎」	
英語	「英語コミュニケーションⅠ」	

出願から合格まで

1. 受験案内（願書）の入手

　受験案内（願書）は、文部科学省や各都道府県教育委員会、各都道府県の配布場所などで配布されます。ただし、配布期間は年度毎に異なりますので、文部科学省のホームページなどで事前に確認してください。なお、直接取りに行くことができない方はパソコンやスマートフォンで受験案内（願書）を請求することが可能です。

　〈パソコンもしくはスマートフォンで請求する場合〉
　　次のURLにアクセスし、画面の案内に従って申し込んでください。　https://telemail.jp/shingaku/pc/gakkou/kousotsu/
　○受験案内（願書）は、配布開始時期のおよそ1か月前から出願締切のおよそ1週間前まで請求できます。
　○請求後、受験案内（願書）は発送日から通常3〜5日程度で届きます。ただし、配布開始日以前に請求した場合は予約扱いとなり、配布開始日に発送されます。
　○受験案内（願書）に同封されている支払方法に従って送料を払います。
　○不明な点はテレメールカスタマーセンター（TEL：050-8601-0102　受付時間：9:30〜18:00）までお問い合わせください。

2. 出願書類の準備

　受験案内（願書）を入手したら、出願に必要な次の書類を用意します（令和5年度の受験案内を基に作成しています。内容が変更になる場合もあるため、最新の受験案内を必ず確認してください）。

　①受験願書・履歴書
　②受験料（収入印紙）
　③写真2枚（縦4cm×横3cm）　※同じ写真を2枚用意
　④住民票または戸籍抄本
　⑤科目合格通知書　※一部科目合格者のみ
　⑥試験科目の免除に必要な書類（単位修得証明書、技能審査の合格証明書）　※試験科目の免除を申請する者のみ
　⑦氏名、本籍の変更の経緯がわかる公的書類（戸籍抄本等）　※必要な者のみ
　⑧個人情報の提供にかかる同意書　※該当者のみ
　⑨特別措置申請書および医師の診断・意見書　※必要な者のみ
　⑩出願用の封筒

①受験願書・履歴書

受験願書・履歴書の用紙は受験案内に添付されています。

②受験料（収入印紙）

受験科目が 7 科目以上の場合は 8,500 円、4 科目以上 6 科目以下の場合は 6,500 円、3 科目以下の場合は 4,500 円です。受験料分の金額の日本政府発行の収入印紙（都道府県発行の収入証紙等は不可）を郵便局等で購入し、受験願書の所定欄に貼り付けてください。

③写真 2 枚（縦 4 cm× 横 3 cm）

出願前 6 か月以内に撮影した、無帽・背景無地・正面上半身の写真を 2 枚（同一のもの）用意し、裏面に受験地と氏名を記入して受験願書の所定欄に貼り付けてください。写真は白黒・カラーいずれも可です。

④住民票または戸籍抄本（原本）

出願前 6 か月以内に交付され、かつ「本籍地（外国籍の方は国籍等）」が記載されたものを用意してください。マイナンバーの記載は不要です。海外在住の外国籍の方で提出が困難な場合は、必ず事前に文部科学省総合教育政策局生涯学習推進課認定試験第二係まで問い合わせてください。　TEL：03-5253-4111（代表）（内線 2590・2591）

⑤科目合格通知書（原本）

過去に高等学校卒業程度認定試験または大学入学資格検定において、一部科目に合格している方は提出してください。なお、紛失した場合は受験案内にある「科目合格通知書再交付願」で出願前に再交付を受けてください。結婚等により、科目合格通知書に記載された氏名または本籍に変更がある場合は、「⑦氏名、本籍の変更の経緯がわかる公的書類（戸籍抄本等）」をあわせて提出してください。

⑥試験科目の免除に必要な書類（単位修得証明書、技能審査の合格証明書）（原本）

試験科目の免除を申請する方は受験案内を確認し、必要書類を提出してください。なお、「単位修得証明書」が発行元で厳封されていない場合は受理されません。結婚等により、試験科目の免除に必要な書類の氏名に変更がある場合は、「⑦氏名、本籍の変更の経緯がわかる公的書類（戸籍抄本等）」をあわせて提出してください。

⑦氏名、本籍の変更の経緯がわかる公的書類（戸籍抄本等）（原本）

結婚等により、「⑤科目合格通知書」や「⑥試験科目の免除に必要な書類」に記載された氏名または本籍が変更となっている場合に提出してください。

⑧個人情報の提供にかかる同意書

外国籍の方で、過去に高等学校卒業程度認定試験または大学入学資格検定で合格した科目があり、「⑤科目合格通知書」の氏名（本名）または国籍に変更がある場合は、受験案内を確認して提出してください。

⑨特別措置申請書および医師の診断・意見書

身体上の障がい等により、受験の際に特別措置を希望する方は、受験案内を確認し、必要書類を提出してください。

⑩出願用の封筒

出願用の封筒は受験案内に添付されています。封筒の裏面に氏名、住所、電話番号、受験地を明記し、「出願書類確認欄」を用いて必要書類が揃っているかを再度チェックし、不備がなければ郵便局の窓口で「簡易書留扱い」にして文部科学省宛に送付してください。

3. 受験票

受験票等（受験科目決定通知書、試験会場案内図および注意事項を含む）は文部科学省から受験願書に記入された住所に届きます。受験案内に記載されている期日を過ぎても到着しない場合や記載内容に誤りがある場合は、文部科学省総合教育政策局生涯学習推進課認定試験第二係に連絡してください。　TEL：03-5253-4111（代表）　①試験実施に関すること（内線 2024・2643）②証明書に関すること（内線 2590・2591）

4. 合格発表・結果通知

試験の結果に応じて、文部科学省から次のいずれかの書類が届きます。全科目合格者には「**合格証書**」、一部科目合格者には「**科目合格通知書**」、その他の者には「**受験結果通知**」が届きます。「**合格証書**」が届いた方は、大学入学資格（高等学校卒業程度認定資格）が与えられます。ただし、試験で合格要件を満たした方が満 18 歳に達していないときには、18 歳の誕生日から合格者となります。そのため、大学入学共通テスト、大学の入試試験等については、原則として満 18 歳になる年度から受験が可能となります。大学入学共通テストについては、独立行政法人大学入試センター　事業第一課（TEL：03-3465-8600）にお問い合わせください。「**科目合格通知書**」が届いた方は、高等学校卒業程度認定試験において 1 科目以上の科目を合格した証明になりますので、次回の受験まで大切に保管するようにしてください。なお、一部科目合格者の方は「**科目履修制度**」を利用して、合格に必要な残りの科目について単位を修得することによって、高等学校卒業程度認定試験合格者となることができます（「**科目履修制度**」については次のページもあわせて参照してください）。

科目履修制度（未合格科目を免除科目とする）

1. 科目履修制度とは

　科目履修制度とは、通信制などの高等学校の科目履修生として未合格科目（合格に必要な残りの科目）を履修し、レポートの提出とスクーリングの出席、単位認定試験の受験をすることで履修科目の単位を修得する制度となります。この制度を利用して単位を修得した科目は、免除科目として文部科学省に申請することができます。高等学校卒業程度認定試験（高卒認定試験）の合格科目と科目履修による単位修得を合わせることにより、高等学校卒業程度認定試験の合格者となることができるのです。

2. 科目履修の学習内容

　レポートの提出と指定会場にて指定回数のスクーリングに出席し、単位認定試験で一定以上の点数をとる必要があります。

3. 科目履修制度の利用

❶ すでに高卒認定試験で合格した一部科目と科目履修を合わせることにより高卒認定試験合格者となる。

| 高卒認定試験 既合格科目 | ＋ | 科目履修 （残り科目を履修） | ＝ | 合わせて 8科目以上 | 高卒認定試験 合格 |

※最低1科目の既合格科目または合格見込科目が必要

① 苦手科目がどうしても合格できない方　　② 合格見込成績証明書を入手し、受験手続をしたい方
③ 残り科目を確実な方法で合格したい方　　④ 大学・短大・専門学校への進路が決まっている方

❷ 苦手科目等を先に科目履修で免除科目にして、残りの得意科目は高卒認定試験で合格することで高卒認定試験合格者となる。

| 科目履修 （苦手科目等を履修） | ＋ | 高卒認定試験 科目受験 | ＝ | 合わせて 8科目以上 | 高卒認定試験 合格 |

※最低1科目の既合格科目または合格見込科目が必要

① 得意科目だけで高卒認定試験の受験に臨みたい方　　② できるだけ受験科目数を減らしたい方
③ どうしても試験で合格する自信のない科目がある方　　④ 確実な方法で高卒認定試験の合格を目指したい方

4. 免除を受けることができる試験科目と免除に必要な修得単位数

免除が受けられる試験科目	高等学校の科目	免除に必要な修得単位数
国語	「現代の国語」	2
	「言語文化」	2
地理	「地理総合」	2
歴史	「歴史総合」	2
公共	「公共」	2
数学	「数学Ⅰ」	3
科学と人間生活	「科学と人間生活」	2
物理基礎	「物理基礎」	2
化学基礎	「化学基礎」	2
生物基礎	「生物基礎」	2
地学基礎	「地学基礎」	2
英語	「英語コミュニケーションⅠ」	3

（注）上記に記載されている免除に必要な修得単位数はあくまで標準的修得単位数であり、学校によっては科目毎の設定単位数が異なる場合があります。

■科目履修制度についてより詳しく知りたい方は、J-出版編集部にお問い合わせください。
TEL：03-5800-0552
Mail：info@j-publish.net

1．出題傾向

　過去3年間の8月試験および11月試験の出題傾向は以下のとおりです。数学の場合はまず間違いなく毎回出題されているものが多くあります。どの項目を確実に押さえなければならないかを確認してください。

出題内容	令和3年度第1回	令和3年度第2回	令和4年度第1回	令和4年度第2回	令和5年度第1回	令和5年度第2回
大問1　（15点）						
整式の加法・減法	●			●	●	
式の展開		●	●			●
因数分解		●	●			●
分母の有理化	●			●	●	
集合		●	●		●	
命題	●			●		●
大問2　（10点）						
連立不等式の解						
一次不等式の解	●	●	●	●	●	●
一次不等式の利用（文章題）	●	●	●	●	●	●
大問3　（15点）						
二次関数とそのグラフ	●	●	●	●	●	●
定数kまたはaの値	●		●			
二次関数のグラフの頂点	●			●		
大問4　（15点）						
二次関数の定義域	●	●	●	●		●
共有点の座標	●		●	●		
共有点の個数		●				
二次不等式の解	●		●	●		●
大問5　（25点）						
三角比の利用	●	●	●	●	●	●
三角比の相互関係	●	●		●	●	
三角形の面積	●			●		
正弦定理		●	●			●
余弦定理	●	●		●		●
大問6　（20点）						
平均値と中央値と範囲	●	●	●	●		
四分位数と箱ひげ図	●	●	●	●	●	●
分散	●	●	●		●	●
標準偏差						
散布図における相関関係	●	●	●	●	●	●

2．出題内容と対策

1 整式・実数・集合と論証

　大問1では整式の加法・減法・式の展開・因数分解・分母の有理化・集合・命題の中から3問出題されています。その中でも多く出題されているのが整式の加法・減法と式の展開と因数分解と集合の項目です。どの項目も難解な問題ではなく、基本的な問題が出題されていますので、類似問題を何度も解いて問題に慣れるように心がけてください。

2 一次不等式

　大問2では稀に連立一次不等式の問題が出題されることがありますが、出題のほとんどが一次不等式の解の問題と一次不等式を利用した文章題が出題されます。ここ数年、小数点や分数などが出題されていますので、小数点や分数の場合はどのように問題を解けばよいのかも押さえてください。また負の数で割ると符号が反対になることなどもあわせて押さえておきましょう。文章題は、一見難しそうに感じてしまうかもしれませんが、文章をよく読んで式に変換することができれば確実に解ける問題です。出題された問題を解き、求める値をxとした式の立て方を理解してください。

3 二次関数

　大問 3 では、二次関数とそのグラフに関する問題、定数 k または a の値を求める問題、そして二次関数のグラフの頂点に関する問題が多く出題されています。二次関数のグラフ性質である $y=ax^2+bx+c$ の x の係数 a が a＞0 の場合は下に凸のグラフ、a が a＜0 の場合は上に凸のグラフであること、また平方完成 $y=a(x-p)^2+q$ をしっかり押さえてください。

4 二次関数

　大問 4 では、二次関数の応用分野から、毎回問 1 から問 3 までの 3 題で構成されています。問 1 は二次関数の最大値・最小値の問題、問 2 はグラフと x 軸の共有点を求める問題、問 3 は二次不等式に関する問題が出題されます。大問 3 も同じですが、二次関数と二次不等式に関する基礎をしっかり押さえるようにしてください。

5 三角比

　大問 5 では、$\sin\theta$、$\cos\theta$、$\tan\theta$ の三角比の定義に関する問題が出題され、問 1 から問 5 までの 5 題で構成されています。問 1 は与えられた三角比の値を利用して辺の長さや値を求める問題、問 2 および問 3 は三角比の相互関係を利用して求める問題や三角比の値を求める問題、問 4 および問 5 は図形の辺の長さや面積を求める問題が出題されます。三角比の定義や三角比の相互関係、正弦定理、余弦定理を利用した基本的な問題をしっかりと押さえてください。

6 データの分析

　大問 6 ではデータの分析から出題され、問 1 から問 4 までの 4 題で構成されています。問 1 は平均値と中央値、最頻値や四分位数を求める問題、問 2 は四分位数を求める問題や箱ひげ図を読み解く問題、問 3 は平均値と分散、標準偏差を求める問題、問 4 は分散図からの相互関係に関する問題が出題されます。データの分析は基本的な内容を理解して、今まで出題された問題の演習を通して考え方を確実に押さえてください。

令和5年度 第2回
高卒認定試験

数　学

解答時間　50分

数　学

1　次の ア ～ エ の □ を適切にうめなさい。

(1)　$(x+4)^2-7(x+4)$ を因数分解すると $\left(x+\boxed{ア}\right)\left(x-\boxed{イ}\right)$ になる。

(2)　$(x-1)x(x+1)$ を展開すると ウ になる。

次の ①～④ のうちから正しいものを一つ選べ。

①　x^3

②　x^3-1

③　x^3-x^2-x-1

④　x^3-x

(3)　n は自然数とする。命題「n^2 は奇数　$\Rightarrow$　n は奇数」の対偶は

「 エ 」である。

次の ①～④ のうちから正しいものを一つ選べ。

①　n は奇数　$\Rightarrow$　n^2 は奇数

②　n^2 は偶数　$\Rightarrow$　n は偶数

③　n は偶数　$\Rightarrow$　n^2 は偶数

④　n^2 は偶数　$\Rightarrow$　n は奇数

2 次の ア , イ の を適切にうめなさい。

(1) 次の ①～④ の1次不等式を解いたとき，x の値の範囲が $x < -3$ となるものは ア である。

正しいものを一つ選べ。

① $-3x - 9 < 0$
② $-3x - 9 > 0$
③ $-3x + 9 < 0$
④ $-3x + 9 > 0$

(2) 下の表は，2種類のインスタント食品 A，B の1個当たりのタンパク質の量を表したものである。

食　品	1個当たりの タンパク質(g)
A	12
B	7

食品 A と食品 B を合わせて 10 個買い，タンパク質の合計が 100 g 以上になるようにしたい。このとき，食品 A は イ 個以上買えばよい。

3　　次の ア ～ エ の □ を適切にうめなさい。

(1)　2次関数 $y=-(x+3)^2-2$ のグラフの概形として最も適切なものは

ア である。

次の ① ～ ④ のうちから一つ選べ。

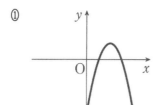 ①

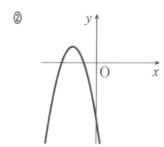 ②

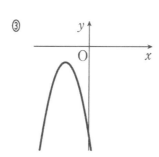 ③

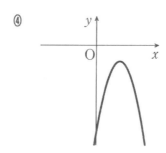 ④

(2)　右の図は，頂点の座標が $(1,-2)$ で点 $(0,1)$ を
通る2次関数のグラフである。

グラフがこのようになる2次関数は イ である。

次の ① ～ ④ のうちから正しいものを一つ選べ。

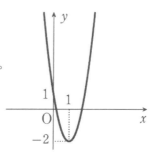

①　　$y=(x-1)^2+2$

②　　$y=(x-1)^2-2$

③　　$y=3(x-1)^2+2$

④　　$y=3(x-1)^2-2$

(3)　2次関数 $y=x^2-6x+12$ のグラフの頂点の座標は $\left(\ \boxed{ウ}\ ,\ \boxed{エ}\ \right)$ である。

4 次の ア ~ カ の □ を適切にうめなさい。

(1) 2次関数 $y = -(x-1)^2 + 3$ において，定義域を $0 \leqq x \leqq 2$ とするとき，
y の最大値は ア ，最小値は イ である。

(2) 2次関数 $y = 3x^2 - 8x + 5$ のグラフと x 軸との共有点の座標は，

$$\left(\frac{\boxed{ウ}}{\boxed{エ}} , 0 \right) , \left(\boxed{オ} , 0 \right)$$

である。

(3) 2次不等式 $x^2 + 3x < 0$ を解くと，その解は カ である。

次の ① ~ ④ のうちから正しいものを一つ選べ。

ただし，右の図は，2次関数 $y = x^2 + 3x$ のグラフである。

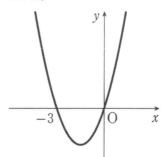

① $x < -3 , 0 < x$

② $-3 < x < 0$

③ $x > 0$

④ $x < -3$

5 　次の ア ～ オ の □ を適切にうめなさい。

必要であれば，次の三角比の値を利用すること。

$$\sin 62° = 0.8829 \,,\; \cos 62° = 0.4695 \,,\; \tan 62° = 1.8807$$

(1)　下の図は，熱気球が飛んでいる様子を模式的に表したものである。地点 A から出発して上昇したが，風の影響で図のように流された。

　　地点 A から熱気球の下部の点 B を見たら∠BAC＝62°，地点 A から点 B の真下の地点 C までの距離は 30 m，∠ACB＝90° であった。

　　このとき，高さ BC はおよそ ア mである。

　　次の ①～④ のうちから最も適切なものを一つ選べ。

① 　14.1

② 　26.5

③ 　56.4

④ 　63.9

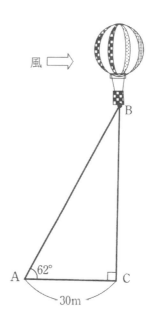

(2)　$\sin 118°$ の値は イ である。

　　次の ①～④ のうちから最も適切なものを一つ選べ。

①　−0.8829　　　②　−0.4695　　　③　0.4695　　　④　0.8829

(3) $\sin 135°$ の値は ┃ウ┃ である。

次の ① ~ ④ のうちから正しいものを一つ選べ。

① $\dfrac{1}{\sqrt{2}}$ ② $-\dfrac{1}{\sqrt{2}}$ ③ $\dfrac{\sqrt{3}}{2}$ ④ $-\dfrac{\sqrt{3}}{2}$

(4) 右の図の三角形 ABC において,

AB＝5 cm, AC＝6 cm, $\cos A = \dfrac{3}{4}$

である。

このとき, BC の長さは

┃エ┃ cm である。

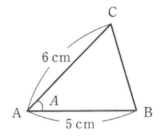

(5) 右の図の三角形 ABC において,

∠A＝30°, BC＝5 cm である。

このとき, 三角形 ABC の外接円の

半径 R の長さは ┃オ┃ cm である。

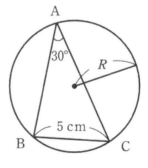

令和5年度第2回試験

6 次の ア ～ エ の □ を適切にうめなさい。

(1) 次のデータは，A さんが5店舗で，ある商品の価格を調べたものである。

$$192 , 198 , 198 , 192 , 190 \quad （円）$$

このデータから読み取れることとして，A さんは次のⅠ～Ⅲを考えた。

Ⅰ　中央値は 192 である。
Ⅱ　平均値は 194 である。
Ⅲ　範囲は2である。

この記述Ⅰ～Ⅲに関して，最も適切なものは ア である。

次の ① ～ ④ のうちから一つ選べ。

① Ⅰ と Ⅱ のみ正しい。　　② Ⅰ と Ⅲ のみ正しい。

③ Ⅱ と Ⅲ のみ正しい。　　④ Ⅰ と Ⅱ と Ⅲ はすべて正しい。

(2) 次のデータは，あるコンビニエンスストアにおけるカップ麺の 12 日間の
販売数を調べ，小さい順に並べたものである。

$$9 , 10 , 11 , 12 , 12 , 14 , 15 , 16 , 17 , 17 , 20 , 21 \quad （個）$$

このデータの箱ひげ図として正しいものは イ である。

次の ① ～ ④ のうちから一つ選べ。

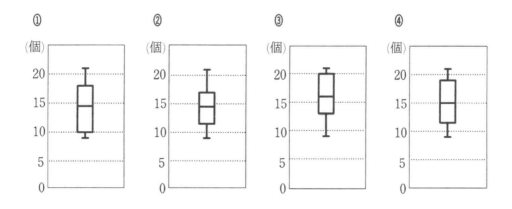

(3) 次のデータは，5粒のシャインマスカットの重さをそれぞれ測ったものである。

$$12, 4, 10, 8, 6 \quad (g)$$

このデータの平均値は 8 (g) である。このとき，分散は $\boxed{\text{ウ}}$ である。

ただし，変量 x のデータの値が $x_1, x_2, \cdots\cdots, x_n$ で，その平均値が $\overline{x}$ のとき，

分散は $\dfrac{(x_1 - \overline{x})^2 + (x_2 - \overline{x})^2 + \cdots\cdots + (x_n - \overline{x})^2}{n}$ で求められる。

(4) 相関係数や相関関係に関する記述について，**誤っているもの**は $\boxed{\text{エ}}$ である。次の ① ～ ④ のうちから一つ選べ。

① 相関係数を r とすると，$-1 \leqq r \leqq 1$ である。

② 相関係数が 0 に近いほど，相関関係は弱くなる。

③ 相関係数が 1 に近いとき，強い正の相関関係がある。

④ 相関係数が -1 に近いとき，弱い負の相関関係がある。

令和5年度 第2回

解答・解説

📖 令和5年度 第2回 高卒認定試験

【 解 答 】

1	正答	配点	2	正答	配点	3	正答	配点	4	正答	配点	5	正答	配点	6	正答	配点
ア	4	5	ア	2	5	ア	3	5	ア	3	3	ア	3	5	ア	1	5
イ	3		イ	6	5	イ	4	5	イ	2	2	イ	4	5	イ	2	5
ウ	4	5	ウ			ウ	3	3	ウ	5	3	ウ	1	5	ウ	8	5
エ	3	5	エ			エ	3	2	エ	3		エ	4	5	エ	4	5
オ			オ			オ			オ	1	2	オ	5	5	オ		
カ			カ			カ			カ	2	5	カ			カ		
キ			キ			キ			キ			キ			キ		
ク			ク			ク			ク			ク			ク		
ケ			ケ			ケ			ケ			ケ			ケ		
コ			コ			コ			コ			コ			コ		
サ			サ			サ			サ			サ			サ		
シ			シ			シ			シ			シ			シ		
ス			ス			ス			ス			ス			ス		
セ			セ			セ			セ			セ			セ		
ソ			ソ			ソ			ソ			ソ			ソ		

【 解 説 】

1

1 ⇒ 重要度A　　　2 ⇒ 重要度A　　　3 ⇒ 重要度B

1. $(x+4)^2 - 7(x+4)$ の $x+4$ をAとおくと、$A^2 - 7A$ となり、共通の因数である A でくくります。
   $A(A-7)$
   A を $x+4$ にもどします。
   $(x+4)(x+4-7)$
   $(x+4)(x-3)$

2. $(x-1)x(x+1)$ の展開について、最初に $(x-1)(x+1)$ を展開します。
   $(x-1)(x+1) = x^2 - 1$
   次に $(x^2-1)x$ を展開し、$x^3 - x$ となり、正しいものは④となります。

3. 命題「$p \Rightarrow q$」（p ならば q である）に対し「$q \Rightarrow p$」（q でないならば、p でない）をもとの命題の対偶といいます。

命題「n^2 は奇数 $\Rightarrow$ n は奇数」について、$p = n^2$ は奇数、$q = n$ は奇数とすると、命題の対偶は「n は偶数 $\Rightarrow$ n^2 は偶数」となるので、正しいものは③となります。

2

1 ⇒ 重要度B   2 ⇒ 重要度A

1. x の値の範囲が $x < -3$ であることから、

右辺の -3 を左辺に移行すると $x + 3 < 0$ となります。

次に $x + 3 < 0$ の両辺に -3（負の数）を掛けると符号の向きが変わり、以下の式となります。

$(x + 3) \times (-3) > 0 \times (-3)$ …負の数を掛けると符号の向きが変わることに注意

$-3x - 9 > 0$

したがって、正しいものは②となります。

2. 全体で 10 個買うことから、食品Aを x 個買うとすると、食品Bの個数は $(10 - x)$ 個となります。

このとき、食品Aのタンパク質の量は $(12 \times x)$g、

食品Bのタンパク質の量は $\{7 \times (10 - x)$g$\}$、

したがって、タンパク質の合計は $(12 \times x)$g $+ \{7 \times (10 - x)$g$\}$ と表せます。

合計 10 個の購入で、タンパク質の合計を 100g 以上にしたいので、これを不等式で表して解きます。

$12 \times x + 7(10 - x) \geqq 100$

$12x + 70 - 7x \geqq 100$

$12x - 7x \geqq 100 - 70$

$5x \geqq 30$

$x \geqq 6$

よって、食品Aは 6 個以上買えばよいということになります。

3

1 ⇒ 重要度A   2 ⇒ 重要度A   3 ⇒ 重要度B

1. 二次関数 $y = -a(x - p)^2 + q$ のグラフは $a < 0$ なので上に凸となり、$y = -ax^2$ のグラフを x 軸方向に $+p$、y 軸方向に $+q$ だけ平行移動したものとなります。

このことから、$y = -(x + 3)^2 - 2$ は上に凸のグラフで、$y = -x^2$ のグラフを x 軸方向に -3、y 軸方向に -2 だけ平行移動したグラフであることがわかります。

よって、最も適切なものは③となります。

2. 頂点の座標が $(1, -2)$ であることから、

二次関数のグラフの基本形 $y = a(x - p)^2 + q$ に頂点の座標を代入します。

$y = a(x - 1)^2 - 2$ …①

次にこのグラフは点 $(0, 1)$ を通ることから、①式に $x = 0$、$y = 1$ を代入して a の値を求めます。

$1 = a (0 - 1)^2 - 2$

$1 = a - 2$

$a = 1 + 2$

$a = 3$

よって、二次関数は $y = 3 (x - 1)^2 - 2$ となり、正しいものは④となります。

3. 二次関数 $y = a (x - p)^2 + q$ のグラフの頂点の座標は (p, q) で表せますので、$y = x^2 - 6x + 12$ の式を $y = a (x - p)^2 + q$ に変形（平方完成）します。

$y = (x - 3)^2 - 9 + 12$

$y = (x - 3)^2 + 3$

よって、$y = x^2 - 6x + 12$ のグラフの頂点の座標は $(3, 3)$ となります。

4

1 ⇒ 重要度A　　2 ⇒ 重要度B　　3 ⇒ 重要度A

1. 二次関数 $y = a (x - p)^2 + q$ のグラフの頂点の座標は (p, q) で表せますから、二次関数 $y = - (x - 1)^2 + 3$ のグラフは $a < 0$ より上に凸で、頂点の座標は $(1, 3)$ で、そして $x = 1$ を軸とする放物線となります。

与えられた x の変域 $(0 \leqq x \leqq 2)$ に頂点の x 座標が含まれていることから、頂点の座標 $(y = 3)$ が最大値となります。

そして、x の変域のうち、軸 $(x = 1)$ より離れているのはどちらも同じなので、それぞれ x の値をあてはめて計算します。

$x = 0$ のとき、$y = - (0 - 1)^2 + 3 = 2$

$x = 2$ のとき、$y = - (2 - 1)^2 + 3 = 2$

となり、$x = 0$ のときも $x = 2$ のときも、最小値は 2 となります。

よって、最大値は 3、最小値は 2 となります。

2. x 軸との共有点とは、$y = 0$ となる点であるので、二次方程式 $3x^2 - 8x + 5 = 0$ の解として求めることができます。

二次方程式 $3x^2 - 8x + 5 = 0$ を解くと、左辺を因数分解して

$(3x - 5) (x - 1) = 0$ より、

$(3x - 5) = 0$ または $(x - 1) = 0$ となるので、

それを解くと、$x = \dfrac{5}{3}$、1 となります。

したがって、グラフの x 軸との共有点の座標は

それぞれ $(\dfrac{5}{3}, 0)$ $(1, 0)$ となります。

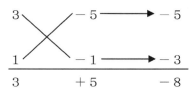

3. 二次不等式 $x^2 + 3x < 0$ を解くと、x 軸との共有点は 0 と -3 となります。

二次関数 $y = x^2 + 3x$ のグラフにおいて、$y < 0$ になる範囲ですから、$-3 < x < 0$ が解になります。

よって、正しいものは②となります。

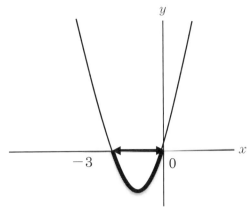

5

1 ⇒ **重要度A**　　　2 ⇒ **重要度A**　　　3 ⇒ **重要度B**

4 ⇒ **重要度B**　　　5 ⇒ **重要度C**

1. 与えられている三角比から考えると

$$sin62° = \frac{BC}{AB}, \quad cos62° = \frac{AC}{AB}, \quad tan62° = \frac{BC}{AC}$$

この中で、わかっている AC と、求めたい BC の両方を

含んでいる $tan62° = \dfrac{BC}{AC}$ を用います。

$$tan62° = \frac{BC}{AC}$$

$$1.8807 = \frac{BC}{30}$$

よって、$BC = 1.8807 \times 30 = 56.421$

したがって、最も適切なものは $56.4m$ である③となります。

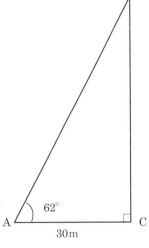

2. 三角比の公式のひとつ $sin\theta = sin(180° - \theta)$ を用いると

$sin118° = sin(180° - 118°) = sin62°$

与えられた三角比の値を見ると、$sin62° = 0.8829$ であることから

$sin118° = 0.8829$ であることがわかります。よって、最も適切なものは④となります。

3. $sin135°$ の値は、$sin\theta = \dfrac{対辺}{斜辺}$ と計算されるので、

次のページの図より $sin135° = \dfrac{1}{\sqrt{2}}$ となります。

また、別の解法として $sin\theta = sin(180° - \theta)$ より、$sin135° = sin(180° - 135°)$

$sin135° = sin45°$

$sin45° = \dfrac{1}{\sqrt{2}}$ となります。

したがって、正しいものは①となります。

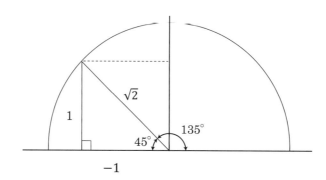

4. 余弦定理 $a^2 = b^2 + c^2 - 2 \times b \times c \times cosA$ を用いて解いていきます。

$b = 6$, $c = 5$, $cosA = \dfrac{3}{4}$ をあてはめると、

$a^2 = 6^2 + 5^2 - 2 \times 6 \times 5 \times \dfrac{3}{4}$

$a^2 = 36 + 25 - 45$

$a^2 = 16$

$a > 0$ より

$a = \sqrt{16}$

$a = 4$ (㎝) となります。

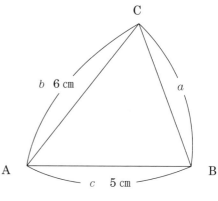

5. 正弦定理 $\dfrac{a}{sinA} = \dfrac{b}{sinB} = \dfrac{c}{sinC} = 2R$ より、

$\dfrac{a}{sinA} = 2R$ を用いて計算します。

∠Aの対辺である a は５㎝, $sin30° = \dfrac{1}{2}$ であることから、

$5 \div \dfrac{1}{2} = 2R$

$5 \times 2 = 2R$

$2R = 10$

$R = 5$

したがって、半径 r の長さは５㎝となります。

6

1 ⇒ **重要度A**　　　 2 ⇒ **重要度A**　　　 3 ⇒ **重要度B**　　　 4 ⇒ **重要度A**

1. データを小さい順に並べていきます。

この順で中央値が 192 ということがわかります。
平均値はデータの総和と総度数（データの個数）で割ったものなので、
(190 ＋ 192 ＋ 192 ＋ 198 ＋ 198) ÷ 5 ＝ 194 となります。
また、範囲は最大値から最小値の差で求められますので、
198（最大値）－ 190（最小値）＝ 8（範囲）となります。
したがって、最も適切なものは①となります。

2. 販売数のデータを小さい順に並べ、第一四分位数、第二四分位数（中央値）、第三四分位数を求めると以下のとおりとなります。

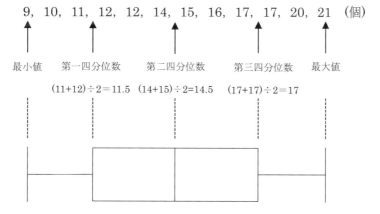

以上より、このデータの箱ひげ図として正しいものは②となります。

3. 分散の値は（偏差）² ÷（データの個数）で求められます。なお、偏差は（データ）－（平均値）で求められますので、以下の表のとおりになります。

データ (a)	12	4	10	8	6
平均値 (b)	8	8	8	8	8
偏差 (a) － (b)	4	－ 4	2	0	－ 2

よって、分散は以下のとおりとなります。
$S^2 = \{(4)^2 + (-4)^2 + 2^2 + 0^2 + (-2)^2\} \div 5$
$S^2 = (16 + 16 + 4 + 0 + 4) \div 5$
$S^2 = 40 \div 5$
$S^2 = 8$
したがって、分散は 8 となります。

4. 散布図の相関は、1. 正の相関にあるもの、2. 負の相関にあるもの、3. 相関のないもの の以上3つのパターンに分けることができます。

また相関係数が0の値に近くなればなるほど相関のない状態となり、正の相関が強いほど1に近づき、負の相関が強いほど−1に近づきます。

したがって、−1に近いとき、強い負の相関関係であるので、誤っているものは④となります。

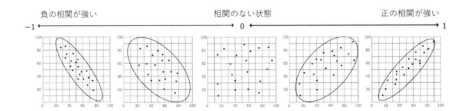

令和５年度 第１回
高卒認定試験

数　学

解答時間　50分

注　意　事　項（抜粋）

* 試験開始前に，監督者の指示に従って，解答用紙の該当欄に以下の内容をそれぞれ正しく記入し，マークすること。
  ①氏名欄
  　氏名を記入すること。
  ②受験番号，③生年月日，④受験地欄
  　受験番号，生年月日を記入し，さらにマーク欄に受験番号（数字），生年月日（年号・数字），受験地をマークすること。

* 受験番号，生年月日，受験地が正しくマークされていない場合は，採点できないことがある。

* 解答上の注意
  　問題の文中の　ア ，　イウ などの　□　には，数値または符号（－）が入る。これらを次の方法で解答用紙の指定欄にマークすること。

1　ア，イ，ウ，… の一つ一つは，それぞれ0から9までの数字，または－の符号のいずれか一つに対応する。それらをア，イ，ウ，…で示された解答欄にマークする。

　（例）　アイ に－8と答えたいとき

　　　　| ア | ● ① ② ③ ④ ⑤ ⑥ ⑦ ⑧ ⑨ ⓪ |
　　　　| イ | － ① ② ③ ④ ⑤ ⑥ ⑦ ● ⑨ ⓪ |

2　分数の形で解答が求められているときは，約分がすんだ形で答えよ。－の符号は分子につけ，分母につけてはならない。

　（例）　$\dfrac{ウエ}{オ}$ に $-\dfrac{4}{5}$ と答えたいとき

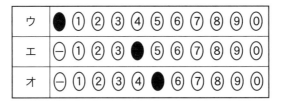

3　根号を含む形で解答が求められているときは，根号の中に現れる自然数が最小となる形で答えよ。

　（例）　カ √ キ に $4\sqrt{2}$ と答えるところを $2\sqrt{8}$ のように答えてはいけない。

1　次の ア ～ オ の □ を適切にうめなさい。

(1)　$A = x^2 + x - 2$，$B = -3x^2 - 3x - 1$ のとき，$A - B$ を計算すると，
　 ア $x^2 +$ イ $x -$ ウ になる。

(2)　$x = \dfrac{3\sqrt{3}}{\sqrt{3}+1}$，$y = \dfrac{3}{\sqrt{3}+1}$ のとき，$x + y =$ エ になる。

(3)　$A = \{1,2,4,7,8,9\}$，$B = \{1,4,6,7,9\}$ のとき，次の ① ～ ④ のうち
　 正しいものは オ である。一つ選べ。

① $A \cap B = \{1,2,4,6,7,8,9\}$
② $A \cap B = \{1,4,7,9\}$
③ $A \cup B = \{2,6,8\}$
④ $A \cup B = \{1,4,7,9\}$

2　次の ア , イ の □ を適切にうめなさい。

(1)　$a < b$ のとき，次の ① ～ ④ のうち正しいものは ア である。一つ選べ。

　　① 　$a - 3 > b - 3$

　　② 　$2a > 2b$

　　③ 　$\dfrac{a}{3} - 1 < \dfrac{b}{3} - 1$

　　④ 　$-5a < -5b$

令和5年度第1回試験

(2)　ある町の道の駅で梨とリンゴを販売している。梨は1個200円，リンゴは1個150円であり，合わせて8個買うことにした。

　　代金の合計を1500円以下にするとき，梨は最大 イ 個買うことができる。

3　　次の ア ～ オ の □ を適切にうめなさい。

(1)　2次関数 $y = a(x-p)^2$（a, pは正の定数）のグラフの概形として

　　最も適切なものは ア である。

　　　次の ① ～ ④ のうちから一つ選べ。

① 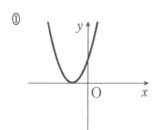　　②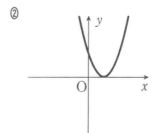

③ 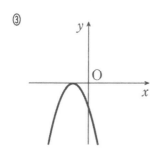　　④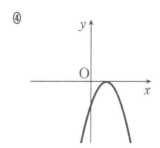

(2)　2次関数 $y = x^2 + 4kx - k$（kは定数）のグラフが点$(0, 3)$を通るとき，

　　kの値は イウ である。

(3)　右の図は，2次関数 $y = -x^2 + 6x - 8$ のグラフである。

　　このグラフの頂点の座標は（ エ ， オ ）である。

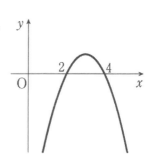

4 次の ア ～ オ の □ を適切にうめなさい。

（1） 2次関数 $y=(x+1)^2-2$ において，定義域を実数全体とするとき，

y の最大値と最小値についての記述として，正しいものは ア である。

次の ⓪ ～ ④ のうちから一つ選べ。

⓪　$x=-1$ で最小値 -2 をとり，最大値はない。

②　$x=-1$ で最大値 -2 をとり，最小値はない。

③　$x=1$ で最小値 -2 をとり，最大値はない。

④　$x=1$ で最大値 -2 をとり，最小値はない。

（2） 2次関数 $y=3x^2-7x+2$ のグラフと x 軸との共有点の座標は，

$$\left(\frac{\boxed{イ}}{\boxed{ウ}}, 0 \right), \left(\boxed{エ}, 0 \right)$$

である。

（3） 2次不等式 $(x-5)(x-3) \geqq 0$ を解くと，その解は オ である。

次の ⓪ ～ ④ のうちから正しいものを一つ選べ。

⓪　$x \leqq -5$，$-3 \leqq x$

②　$-5 \leqq x \leqq -3$

③　$x \leqq 3$，$5 \leqq x$

④　$3 \leqq x \leqq 5$

5 次の ア ～ ク の □ を適切にうめなさい。

必要であれば，次の三角比の値を利用すること。

$$\sin 28° = 0.4695 , \cos 28° = 0.8829 , \tan 28° = 0.5317$$

(1) 下の図は，地面に設置されたソーラーパネルを模式的に表したものである。
図のように，ソーラーパネルと地面の接する点を A ，ソーラーパネルと支柱の
接する点を B ，支柱と地面の接する点を C とする。AB＝7 m ，∠BAC＝28° ，
∠ACB＝90° であった。

このとき，BC の長さはおよそ ア m である。

次の ①～④ のうちから最も適切なものを一つ選べ。

① 2.0
② 3.3
③ 3.7
④ 6.2

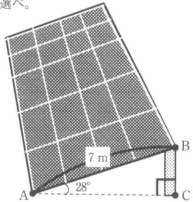

(2) cos152° の値は イ である。

次の ①～④ のうちから最も適切なものを一つ選べ。

① −0.8829 　　② −0.4695 　　③ 0.4695 　　④ 0.8829

(3)　$\sin^2 20° + \cos^2 20°$ の値は $\boxed{\text{ウ}}$ である。

令和５年度第１回試験

(4)　右の図の三角形 ABC において，

AB＝5 cm，AC＝3 cm，$\cos A = \dfrac{7}{10}$

である。

　このとき，BC の長さは

$\sqrt{\boxed{\text{エオ}}}$ cm である。

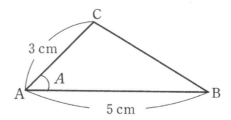

(5)　右の図の三角形 ABC において，

AB＝3 cm，AC＝2 cm，∠A＝60°

である。

　このとき，三角形 ABC の面積は

$\dfrac{\boxed{\text{カ}}\sqrt{\boxed{\text{キ}}}}{\boxed{\text{ク}}}$ cm² である。

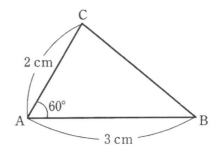

令和5年度第1回試験

6　次の ア 〜 エ の □ を適切にうめなさい。

(1)　$2 , 9 , 5 , 7 , a$（a は自然数）からなるデータの中央値が5であるとき，

　　a の値として**誤っているもの**は ア である。

　　次の ① 〜 ④ のうちから一つ選べ。

　　　① 3　　　　② 4　　　　③ 5　　　　④ 6

(2)　下の図は，40人の生徒が受験した国語と数学のテストの点数を箱ひげ図に
　　表したものである。

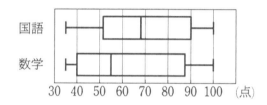

　　この箱ひげ図から読み取れることを，次のように記述した。

　┌───┐
　│　四分位範囲の小さい教科は（A）である。また，50点以下だった生徒が　│
　│ 10人以上いる教科は（B）である。　　　　　　　　　　　　　　　　│
　└───┘

　　（A），（B）にあてはまるものの組合せとして正しいものは イ である。
　　次の ① 〜 ④ のうちから一つ選べ。

　　　①　（A）数学　，（B）国語
　　　②　（A）数学　，（B）数学
　　　③　（A）国語　，（B）国語
　　　④　（A）国語　，（B）数学

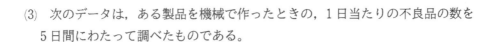

令和5年度第1回試験

(3) 次のデータは，ある製品を機械で作ったときの，1日当たりの不良品の数を
5日間にわたって調べたものである。

$$6 , 9 , 8 , 5 , 7 \quad (個)$$

このデータの平均値は7(個)である。このとき，分散は $\boxed{ウ}$ である。

ただし，変量 x のデータの値が $x_1 , x_2 , \cdots\cdots , x_n$ で，その平均値が $\overline{x}$ のとき，

分散は $\dfrac{(x_1 - \overline{x})^2 + (x_2 - \overline{x})^2 + \cdots\cdots + (x_n - \overline{x})^2}{n}$ で求められる。

(4) 下の図は，ある月の平日における平均気温（℃）とドリンク全体の販売個数の
中でのホットドリンクの割合（%）のデータを散布図として表したものである。

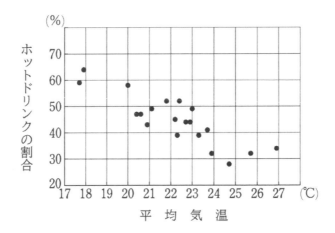

この散布図の相関係数として，最も適切なものは $\boxed{エ}$ である。
次の ⓪～④ のうちから一つ選べ。

⓪ −0.86 　　 ② −0.15 　　 ③ 0.43 　　 ④ 0.87

令和5年度 第1回

解答・解説

【重要度の表記】

A：基本問題。合格に必要な問題です。

B：少し考えて解く問題。ここまで解ければ合格は
　　確実です！

C：考えて解く問題でやや難易度が高い。高得点を
　　ねらう人は復習するとよいでしょう！

📖 令和5年度 第1回 高卒認定試験

【 解 答 】

1	正答	配点	2	正答	配点	3	正答	配点	4	正答	配点	5	正答	配点	6	正答	配点
ア	4		ア	3	5	ア	2	5	ア	1	5	ア	2	5	ア	4	5
イ	4	5	イ	6	5	イ	−	5	イ	1	3	イ	1	5	イ	4	5
ウ	1		ウ			ウ	3		ウ	3		ウ	1	5	ウ	2	5
エ	3	5	エ			エ	3	3	エ	2	2	エ	1	5	エ	1	5
オ	2	5	オ			オ	1	2	オ	3	5	オ	3		オ		
カ			カ			カ			カ			カ	3		カ		
キ			キ			キ			キ			キ	3	5	キ		
ク			ク			ク			ク			ク	2		ク		
ケ			ケ			ケ			ケ			ケ			ケ		
コ			コ			コ			コ			コ			コ		
サ			サ			サ			サ			サ			サ		
シ			シ			シ			シ			シ			シ		
ス			ス			ス			ス			ス			ス		
セ			セ			セ			セ			セ			セ		
ソ			ソ			ソ			ソ			ソ			ソ		

【 解 説 】

1

1⇒ **重要度A**　　　2⇒ **重要度B**　　　3⇒ **重要度A**

1. $A = x^2 + x - 2,\ B = -3x^2 - 3x - 1$ を $A - B$ の式に代入して計算します。

$A - B = x^2 + x - 2 - (-3x^2 - 3x - 1)$

$= x^2 + x - 2 + 3x^2 + 3x + 1$

$= x^2 + 3x^2 + x + 3x - 2 + 1$

よって、$A - B = 4x^2 + 4x - 1$

2. $x = \dfrac{3\sqrt{3}}{\sqrt{3} + 1},\ x = \dfrac{3}{\sqrt{3} + 1}$ のとき、$x + y$ は、分母の有理化を合わせて計算をすると、

$x + y = \dfrac{3\sqrt{3}(\sqrt{3} - 1)}{(\sqrt{3} + 1)(\sqrt{3} - 1)} + \dfrac{3(\sqrt{3} - 1)}{(\sqrt{3} + 1)(\sqrt{3} - 1)}$

$= \dfrac{3\sqrt{3}(\sqrt{3} - 1) + 3(\sqrt{3} - 1)}{(\sqrt{3} + 1)(\sqrt{3} - 1)}$

$$= \frac{9 - 3\sqrt{3} + 3\sqrt{3} - 3}{3 - 1}$$

$$= \frac{6}{2}$$

$$= 3$$

3. 集合 $A = \{1,\ 2,\ 4,\ 7,\ 8,\ 9\}$、集合 $B = \{1,\ 4,\ 6,\ 7,\ 9\}$ のとき、
$A \cup B$ は、A と B の集合全体であるので、$A \cup B = \{1,\ 2,\ 4,\ 6,\ 7,\ 8,\ 9\}$、
$A \cap B$ は、A と B の共通部分であるので、$A \cap B = \{1,\ 4,\ 7,\ 9\}$、
よって、正しいものは②となります。

2

1 ⇒ 重要度B   2 ⇒ 重要度A

1. $a < b$ のとき以下の公式が成り立ちます。
   $c > 0$ のとき $c < 0$ のとき
   $a + c < b + c$ $a + c < b + c$
   $a - c < b - c$ $a - c < b - c$
   $a \times c < b \times c$ $\boxed{a \times c > b \times c}$
   $a \div c < b \div c$ $\boxed{a \div c > b \div c}$
   符号の向きが変わるのは、負の値で掛けたり割ったりする場合となります。
   したがって、正しいものは③となります。

2. 梨を x 個買うとすると、リンゴの個数は $(8 - x)$ 個となります。
   このとき、梨の代金は $200 \times x$ 円、リンゴの代金は $150 \times (8 - x)$ 円、
   代金の合計は $200 \times x + 150(8 - x)$ 円と表せます。
   代金の合計を 1500 円以下にしたいので、これを不等式で表して解きます。
   $200 \times x + 150(8 - x) \leqq 1500$
   $200x + 1200 - 150x \leqq 1500$
   $200x - 150x \leqq 1500 - 1200$
   $50x \leqq 300$
   $x \leqq 6$
   よって、梨は最大 6 個買うことができます。

3

1 ⇒ 重要度B   2 ⇒ 重要度A   3 ⇒ 重要度A

1. 二次関数 $y = a(x - p)^2 + q$ のグラフは $a > 0$ なので下に凸のグラフとなり、
   $y = ax^2$ のグラフを x 軸方向に $+p$、y 軸方向に $+q$ だけ平行移動したものとなります。
   したがって、$y = a(x - p)^2$ のグラフは、$a > 0$ であることから下に凸のグラフで、
   $y = ax^2$ のグラフを x 軸に $+p$、y 軸の移動はなく、頂点 $(p,\ 0)$ となります。
   よって、最も適切なものは②となります。

2. 二次関数 $y = x^2 + 4kx - k$ のグラフが点 $(0, 3)$ を通るときの k の値であることから、
$y = x^2 + 4kx - k$ に $x = 0$, $y = 3$ を代入すると、
$3 = 0^2 + 4 \times k \times 0 - k$
$3 = -k$
$k = -3$
よって、k の値は -3 となります。

3. 二次関数 $y = a(x - p)^2 + q$ のグラフの頂点は (p, q) ですから、
$y = -x^2 + 6x - 8$ を平方完成します。
$y = -(x^2 - 6x + 8)$
$y = -\{(x - 3)^2 - 9 + 8\}$
$y = -(x - 3)^2 + 1$ と平方完成できます。
よって、頂点の座標は $(3, 1)$ となります。

【別解】二次関数は軸を中心に左右対称の放物線であることから、グラフより x 軸との共有点 2 と 4 から、軸は $(2 + 4) \div 2 = 3$ で $x = 3$ であることがわかります。
したがって、頂点は $x = 3$ のときであるので、$y = -x^2 + 6x - 8$ に $x = 3$ を代入すると、
$y = -(3)^2 + 6 \times 3 - 8$
$y = -9 + 18 - 8$
$y = 1$

4

1 ⇒ 重要度 B   2 ⇒ 重要度 A   3 ⇒ 重要度 A

1. 二次関数 $y = a(x - p)^2 + q$ のグラフの頂点の座標は (p, q) で表せますから、
二次関数 $y = (x + 1)^2 - 2$ のグラフの頂点の座標は $(-1, -2)$ となります。
$a > 0$ よりグラフの向きは下に凸で、頂点の座標 $(y = -2)$ が最小値になります。
定義域を実数全体とすると最大値は無限であるので、最大値はないことになります。
よって、正しいものは $x = -1$ のとき最小値 -2 をとり、最大値はない①となります。

2. x 軸との共有点とは、$y = 0$ となる点であるので、二次方程式 $3x^2 - 7x + 2 = 0$ の解として求めることができます。
二次方程式 $3x^2 - 7x + 2 = 0$ を解くと、左辺を因数分解して
$(3x - 1)(x - 2) = 0$ より、
$(3x - 1) = 0$ または $(x - 2) = 0$ となるので、

それを解くと、$x = \dfrac{1}{3}$, 2 となります。

したがって、グラフの x 軸との共有点の

座標はそれぞれ $(\dfrac{1}{3}, 0)$ $(2, 0)$ と

なります。

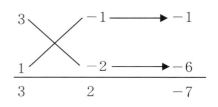

3. 二次不等式 $(x-5)(x-3) \geqq 0$ の解は、二次関数 $y=(x-5)(x-3)$ のグラフにおいて、$y \geqq 0$ になる範囲ですから、$x \leqq 3$, $5 \leqq x$ が解になります。
よって、正しいものは③となります。

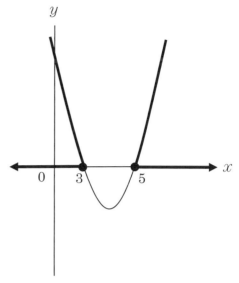

5

1 ⇒ 重要度A   2 ⇒ 重要度A   3 ⇒ 重要度A
4 ⇒ 重要度B   5 ⇒ 重要度B

1. $sin28° = \dfrac{BC}{AB}$, $cos28° = \dfrac{AC}{AB}$, $tan28° = \dfrac{BC}{AC}$

この中で、わかっている AB と、求めたい BC の両方を
含んでいる $sin28° = \dfrac{BC}{AB}$ を用います。

$sin28° = \dfrac{BC}{AB}$ $0.4695 = \dfrac{BC}{7}$

よって、$BC = 0.4695 \times 7$
　　　　　$= 3.2865$
したがって、最も適切なものは $3.3m$ の②となります。

2. $\angle\theta$ が鈍角のとき、$cos\theta = -cos(180° - \theta)$ より
$cos152° = -cos(180° - 152°)$
　　　　　$= -cos28°$
よって、$cos152° = -0.8828$　正しいものは①となります。

3. 三角比の公式のひとつ $sin^2\theta + cos^2\theta = 1$ より、
$sin^2 20° + cos^2 20°$ の値は 1 となります。

4. 余弦定理 $BC^2 = AB^2 + AC^2 - 2 \times AB \times AC \times cosA$ を用いて解いていきます。

$AB = 5$, $AC = 3$, $cosA = \dfrac{7}{10}$ をあてはめると、

$BC^2 = 5^2 + 3^2 - 2 \times 5 \times 3 \times \dfrac{7}{10}$

$BC^2 = 25 + 9 - 21$
$BC^2 = 13$
$BC > 0$ より
$BC = \sqrt{13}$
よって、BC の長さは $\sqrt{13}$ cmとなります。

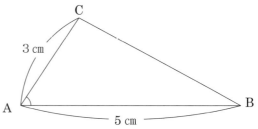

5. 三角形 ABC の面積を S とすると、$S = \dfrac{1}{2} \times AB \times AC \times sinA$ で求められますので、

$AB = 3$ cm, $AC = 2$ cm, $\angle A = 60°$ を式に代入すると、

（面積）$S = \dfrac{1}{2} \times 3 \times 2 \times sin60°$

$sin60° = \dfrac{\sqrt{3}}{2}$ より、

$S = \dfrac{1}{2} \times 3 \times 2 \times \dfrac{\sqrt{3}}{2}$

$S = \dfrac{3\sqrt{3}}{2}$

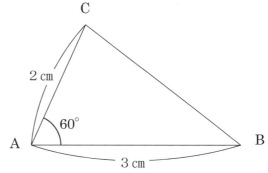

よって、三角形の面積は $\dfrac{3\sqrt{3}}{2}$ （cm²）となります。

6

1 ⇒ **重要度Ａ**　　　2 ⇒ **重要度Ｂ**　　　3 ⇒ **重要度Ｂ**
4 ⇒ **重要度Ａ**

1. ５つのデータのうち、５が中央値であるためには、少ない値から並べて、以下のようになる必要があります。

$$2 \quad a \quad 5 \quad 7 \quad 9$$
$$\uparrow$$
中央値

したがって、a の値として成り立つのは３、４、５のいずれかとなります。
よって、a の値として誤っているものは④となります。

2. 箱ひげ図は各データから次のように作成されます。

まず、四分位範囲は、（第3四分位数 − 第1四分位数）によって求められます。
国語の四分位範囲は、90 −（約）52 ＝（約）38、数学の四分位範囲は、
（約）87 − 40 ＝（約）47　となり、四分位範囲の小さい教科は国語となります。
次に50点以下の生徒人数についての確認ですが、第2四分位数は生徒40人の中央値、
第1四分位数は生徒20人の中央値となります。
したがって、国語の第1四分位数は約52点となっているので、50点以下は10人未
満となり、数学の第1四分位数は40点であるので、50点以下の生徒は10人以上い
る教科は数学となります。
よって、組み合わせとして正しいものは④となります。

3. 分散の値は（偏差）^{2} ÷（データの個数）で求められます。なお、偏差は（データ）−（平
均値）で求められますので、以下の表のとおりとなります。

データ (a)	6	9	8	5	7
平均値 (b)	7	7	7	7	7
偏差 (a) − (b)	− 1	2	1	− 2	0

したがって、分散は以下のとおりとなります。
$S^2 = \{(-1)^2 + (2)^2 + 1^2 + (-2)^2 + 0^2\} \div 5$
$S^2 = (1 + 4 + 1 + 4 + 0) \div 5$
$S^2 = 10 \div 5$
$S^2 = 2$
よって、分散は2となります。

4. 平均気温とドリンク全体の販売個数の中でのホットドリンクの割合のデータを表して
いる、与えられた散布図を確認すると、右下がりの負の相関関係を表していることが
わかります。
よって、負の相関係数のうち、−1に近いものである①が最も適切なものとなります。

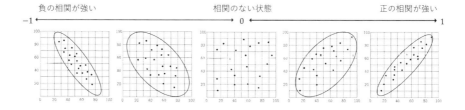

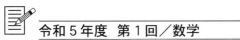

令和4年度 第2回
高卒認定試験

数　学

解答時間　50分

数　学

1　次の ア ～ エ の □ を適切にうめなさい。

(1)　$A = -x^2 + 2x - 3$，$B = 3x^2 - 2x + 1$ のとき，$A+B$ と $A-B$ を計算した結果の組合せとして正しいものは アである。

次の ⓪ ～ ④ のうちから一つ選べ。

⓪　$A+B = 2x^2 - 2$　，　$A-B = -4x^2 - 2$

②　$A+B = 2x^2 - 2$　，　$A-B = -4x^2 + 4x - 4$

③　$A+B = 2x^2 - 4x - 4$　，　$A-B = -4x^2 - 2$

④　$A+B = 2x^2 - 4x - 4$　，　$A-B = -4x^2 + 4x - 4$

(2)　$\dfrac{2}{\sqrt{5} - \sqrt{3}}$ は，分母を有理化すると，$\sqrt{\boxed{イ}} + \sqrt{\boxed{ウ}}$ になる。

ただし，イ > ウ とする。

(3)　x を実数とする。命題「$x < -2$ ならば $x^2 > 4$」の逆は「エ」である。

次の ⓪ ～ ④ のうちから正しいものを一つ選べ。

⓪　$x \geqq -2$ ならば $x^2 \leqq 4$

②　$x > -2$ ならば $x^2 < 4$

③　$x^2 > 4$ ならば $x < -2$

④　$x^2 \leqq 4$ ならば $x \geqq -2$

令和4年度第2回試験

2 次の ア , イウエ の □ を適切にうめなさい。

(1) 一次不等式 $\dfrac{x-3}{2} \geqq 4 + 2x$ を解くと， ア である。

次の ①〜④ のうちから正しいものを一つ選べ。

① $x \leqq -11$ ② $x \geqq -11$ ③ $x \leqq -\dfrac{11}{3}$ ④ $x \geqq -\dfrac{11}{3}$

(2) 冷蔵庫の購入を検討している。2つの冷蔵庫 A，B について，
A は販売価格 120000 円で送料と設置費用を合わせて 3000 円かかり，
B は販売価格 164000 円で送料と設置費用はかからない。
　A の電気代は 1 か月当たり 800 円で，B の電気代は 1 か月当たり 500 円で
あるとき，購入時にかかる費用（送料及び設置費用を含む）と電気代を合わせた
金額が A より B の方が安くなるのは， イウエ か月以上使用したときである。

3　次の　ア　～　オ　の　□　を適切にうめなさい。

(1)　二次関数 $y=2x^2$ のグラフを x 軸方向に 3 ，y 軸方向に 4 だけ平行移動
すると，二次関数 $y=2(x+p)^2+q$ のグラフと一致した。このとき，p ，q の値
として正しい組合せは　ア　である。

次の ① ～ ④ のうちから一つ選べ。

① $p=3$ ，$q=4$ 　　　② $p=3$ ，$q=-4$
③ $p=-3$ ，$q=4$ 　　④ $p=-3$ ，$q=-4$

(2)　二次関数 $y=a(x+1)^2-2$ （a は定数）のグラフが点 $(1,6)$ を通るとき，
a の値は　イ　である。

(3)　右の図は，二次関数 $y=-x^2-4x$ のグラフである。
このグラフの頂点の座標は $\left(\boxed{ウエ} ，\boxed{オ}\right)$ である。

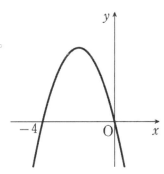

4 次の ア ～ キ の □ を適切にうめなさい。

(1) 二次関数 $y=-2x^2+9$ において，x の変域を $-2 \leqq x \leqq 2$ とするとき，
y の最大値は ア ，最小値は イ である。

(2) 二次関数 $y=2x^2-x-6$ のグラフと x 軸との共有点の座標は，

$$\left(\boxed{\text{ウ}} , 0 \right), \left(\dfrac{\boxed{\text{エオ}}}{\boxed{\text{カ}}} , 0 \right)$$

である。

(3) 二次不等式 $x^2+3x<0$ を解くと，その解は キ である。

次の ⓪ ～ ④ のうちから正しいものを一つ選べ。

ただし，右の図は，二次関数 $y=x^2+3x$ の
グラフである。

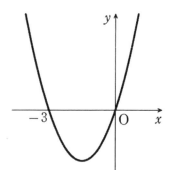

⓪ $x<-3, 0<x$
② $-3<x<0$
③ $0<x<3$
④ $x<-3$

5　次の　ア　～　キ　の　　　を適切にうめなさい。

必要であれば，次の三角比の値を利用すること。

$$\sin 28° = 0.4695 , \quad \cos 28° = 0.8829 , \quad \tan 28° = 0.5317$$

(1)　下の図のように，ある寺院の参拝者が本堂の前に立っている。本堂の
最上部を A，参拝者の目の位置を B，A から地面に下ろした垂線上の点を C
とする。BC＝46 m，∠ABC＝28°，∠ACB＝90° であった。

　　このとき，AC の長さはおよそ　ア　m である。

　　次の ①～④ のうちから最も適切なものを一つ選べ。

① 　21.6
② 　24.5
③ 　30.5
④ 　40.6

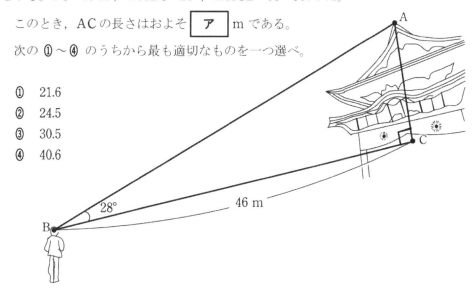

(2)　$\sin 152°$ の値は　イ　である。

　　次の ①～④ のうちから最も適切なものを一つ選べ。

①　−0.8829　　　②　−0.4695　　　③　0.4695　　　④　0.8829

令和4年度第2回試験

(3) $\sin A = \dfrac{\sqrt{5}}{3}$, $\cos A = \dfrac{2}{3}$ のとき, $\tan A$ の値は $\boxed{\textbf{ウ}}$ である。

　次の ①〜④ のうちから正しいものを一つ選べ。

(4)　右の図の三角形 ABC において,

　AB=7 cm, AC=3 cm, $\cos A = -\dfrac{2}{7}$

である。

　このとき, BC の長さは

　$\sqrt{\boxed{\textbf{エオ}}}$ cm である。

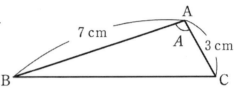

(5)　1辺の長さが 2 cm のひし形 ABCD において,

　∠A = 60° である。

　このとき, ひし形 ABCD の

　面積は $\boxed{\textbf{カ}}\sqrt{\boxed{\textbf{キ}}}$ cm^2 である

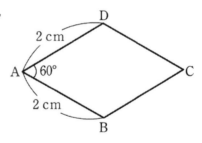

令和4年度第2回試験

6 　次の ア ～ エ の □ を適切にうめなさい。

(1) 　次の表のデータは，厚生労働省発表の都道府県別にみた「人口一人当たり国民医療費(平成30年度)」から抜き出したものである。ただし，単位は万円であり，小数第1位を四捨五入してある。

都道府県名	北海道	東京都	富山県	愛知県	高知県	沖縄県
人口一人当たり国民医療費(万円)	41	31	35	31	46	32

このデータについての記述として**誤っているもの**は ア である。

次の ①～④ のうちから一つ選べ。

① 平均値は36である。
② 範囲は15である。
③ 第3四分位数は41である。
④ 中央値は35である。

(2) 　次の箱ひげ図について，対応するヒストグラムとして最も適切なものは イ である。

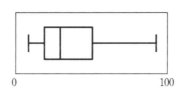

次の ①～④ のうちから一つ選べ。

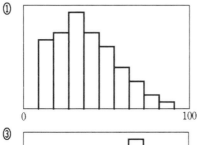
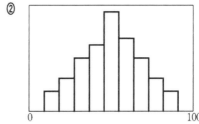
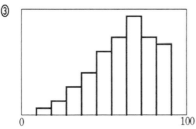
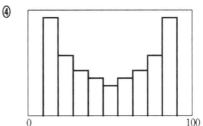

(3) 次のデータは，２人のバスケットボール選手Ａ，Ｂが１試合の中で得点となったシュートの数を10試合調べ，その回数を小さい値から順に並べたものである。

　　　　A：1，3，3，5，5，5，5，7，7，9（回）
　　　　B：3，4，5，5，5，5，5，5，6，7（回）

この２つのデータについての記述として正しいものは ウ である。

次の ①〜④ のうちから一つ選べ。

① 平均値はＡの方が大きく，分散は等しい。

② 平均値はＡの方が大きく，分散もＡの方が大きい。

③ 平均値は等しく，分散も等しい。

④ 平均値は等しく，分散はＡの方が大きい。

ただし，変量 x のデータの値が $x_1, x_2, \cdots\cdots, x_n$ で，その平均値が $\overline{x}$ のとき，

分散は $\dfrac{(x_1-\overline{x})^2+(x_2-\overline{x})^2+\cdots\cdots+(x_n-\overline{x})^2}{n}$ で求められる。

(4) あるクラスの40名の生徒に数学のテストを２回行ったところ，２回のテストの点数の相関係数は0.82であった。

この２回のテストの結果を表す散布図として，最も適切なものは エ である。

次の ①〜④ のうちから一つ選べ。

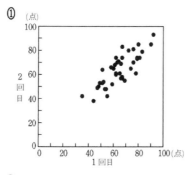

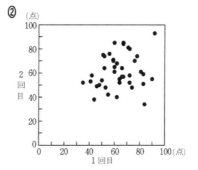

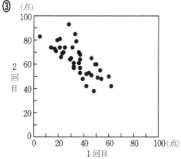

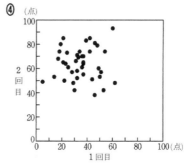

令和4年度 第2回

解答・解説

📖 令和４年度　第２回　高卒認定試験

【 解 答 】

1	正答	配点	2	正答	配点	3	正答	配点	4	正答	配点	5	正答	配点	6	正答	配点
ア	2	5	ア	3	5	ア	3	5	ア	9	3	ア	2	5	ア	4	5
イ	5		イ	1		イ	2	5	イ	1	2	イ	3	5	イ	1	5
ウ	3	5	ウ	3	5	ウ	−	3	ウ	2	2	ウ	1	5	ウ	4	5
エ	3	5	エ	7		エ	2		エ	−		エ	7	5	エ	1	5
オ			オ			オ	4	2	オ	3	3	オ	0		オ		
カ			カ			カ			カ	2		カ	2	5	カ		
キ			キ			キ			キ	2	5	キ	3		キ		
ク			ク			ク			ク			ク			ク		
ケ			ケ			ケ			ケ			ケ			ケ		
コ			コ			コ			コ			コ			コ		
サ			サ			サ			サ			サ			サ		
シ			シ			シ			シ			シ			シ		
ス			ス			ス			ス			ス			ス		
セ			セ			セ			セ			セ			セ		
ソ			ソ			ソ			ソ			ソ			ソ		

【 解 説 】

1

1 ⇒ 重要度A　　　2 ⇒ 重要度A　　　3 ⇒ 重要度A

1. $A = -x^2 + 2x - 3$, $B = 3x^2 - 2x + 1$ を $A + B$ と $A - B$ の式に代入して計算します。

$$A + B = (-x^2 + 2x - 3) + (3x^2 - 2x + 1)$$
$$= -x^2 + 2x - 3 + 3x^2 - 2x + 1$$
$$= -x^2 + 3x^2 + 2x - 2x - 3 + 1$$
$$= 2x^2 - 2$$

$$A - B = (-x^2 + 2x - 3) - (3x^2 - 2x + 1)$$
$$= -x^2 + 2x - 3 - 3x^2 + 2x - 1$$
$$= -x^2 - 3x^2 + 2x + 2x - 3 - 1$$
$$= -4x^2 + 4x - 4$$

よって、$A + B = 2x^2 - 2$,　$A - B = -4x^2 + 4x - 4$ より、正しいものは②となります。

2. 分母に根号を含まない式になるように変形することを、分母の有理化といいます。
分母が $\sqrt{a}+\sqrt{b}$ ，$\sqrt{a}-\sqrt{b}$ のように平方根の和や差で表される場合は、
乗法公式 $(a+b)(a-b)=a^2-b^2$ より、
$(\sqrt{a}+\sqrt{b})(\sqrt{a}-\sqrt{b})=(\sqrt{a})^2-(\sqrt{b})^2=a-b$ を利用して有理化します。

$$\frac{2}{\sqrt{5}-\sqrt{3}}=\frac{2(\sqrt{5}+\sqrt{3})}{(\sqrt{5}-\sqrt{3})(\sqrt{5}+\sqrt{3})}$$

$$=\frac{2(\sqrt{5}+\sqrt{3})}{(\sqrt{5})^2-(\sqrt{3})^2}$$

$$=\frac{2(\sqrt{5}+\sqrt{3})}{5-3}$$

$$=\frac{2(\sqrt{5}+\sqrt{3})}{2}$$

$$=\sqrt{5}+\sqrt{3}$$

よって、$\dfrac{2}{\sqrt{5}-\sqrt{3}}$ を有理化すると、$\sqrt{5}+\sqrt{3}$ になります。

3. 命題「$p\Rightarrow q$」（p ならば q である）に対して、「$q\Rightarrow p$」（q ならば p である）をもと
の命題の逆といいます。
命題「$x<-2$ ならば $x^2>4$」について
$p=x<-2$，$q=x^2>4$
とすると、命題の逆「$q\Rightarrow p$」は「$x^2>4$ ならば $x<-2$」になります。
よって、正しいものは③となります。

2

1⇒ **重要度A**   2⇒ **重要度B**

1. 計算しやすくするために、両辺に 2 を掛けて整数に直してから一次不等式を解きます。

$$\frac{x-3}{2}\geqq 4+2x$$

$$2\times\frac{x-3}{2}\geqq 2\times(4+2x)$$

$$x-3\geqq 8+4x$$
$$x-4x\geqq 8+3$$
$$-3x\geqq 11$$
$$x\leqq 11\div(-3)\cdots 負の数で割るときは不等号の向きが変わります。$$
$$x\leqq -\frac{11}{3}$$

よって、正しいものは③となります。

2．x か月以上使用すると合計金額が冷蔵庫 A より冷蔵庫 B のほうが安くなるとします。
　　冷蔵庫 A にかかる金額は〔販売価格＋送料＋設置費用＋電気代〕であるので、
　　合計金額は $120000 + 3000 + 800 \times x$ と表せます。
　　冷蔵庫 B にかかる金額は〔販売価格＋電気代〕であるので、
　　合計金額は $164000 + 500 \times x$ と表せます。
　　「合計金額が冷蔵庫 A より冷蔵庫 B のほうが安くなる」を不等式に表すと、
　　$120000 + 3000 + 800 \times x > 164000 + 500 \times x$ となるのでこれを解きます。

$$123000 + 800x > 164000 + 500x$$
$$800x - 500x > 164000 - 123000$$
$$300x > 41000$$
$$x > 41000 \div 300$$
$$x > 136.666\cdots$$

　　よって、合計金額が A より B のほうが安くなるのは 137 か月以上使用したときとなります。

3

1 ⇒ 重要度A　　　　2 ⇒ 重要度A　　　　3 ⇒ 重要度B

1．$y = 2x^2$ のグラフの頂点は原点で、x 軸方向に 3、y 軸方向に 4 だけ平行移動したグラフの頂点の座標は（3，4）となるので、グラフの式は $y = 2(x - 3)^2 + 4$ となります。
　　これが $y = 2(x + p)^2 + q$ のグラフと一致するので、$p = -3$，$q = 4$ となります。
　　よって、正しいものは③となります。

2．二次関数 $y = a(x + 1)^2 - 2$ が（1，6）を通るので、$x = 1$，$y = 6$ を式に代入して a の値を求めます。

$$6 = a(1 + 1)^2 - 2$$
$$6 = a \times 2^2 - 2$$
$$6 = 4a - 2$$
$$6 + 2 = 4a$$
$$4a = 8$$
$$a = 8 \div 4$$
$$a = 2$$

　　よって、a の値は 2 となります。

3．右図より、グラフと x 軸の共有点の x 座標は $x = -4$，0 であり、また二次関数のグラフは軸で左右対称になっていることから、グラフの軸は $x = -2$ であることがわかります。グラフの軸は必ずグラフの頂点を通るので、頂点の x 座標も $x = -2$ となります。
　　$x = -2$ を $y = -x^2 - 4x$ に代入して頂点の y 座標を求めると、

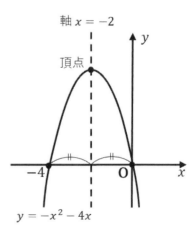

$$y = -(-2)^2 - 4 \times (-2)$$
$$= -4 + 8$$
$$= 4$$

よって、頂点の座標は $(-2, 4)$ となります。

4

1 ⇒ **重要度B**　　　2 ⇒ **重要度A**　　　3 ⇒ **重要度A**

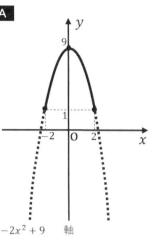

1. 上に凸の放物線は、軸上で y の値は最も大きく
なり、軸から遠いほど y の値は小さくなります。
$y = -2x^2 + 9$ のグラフは上に凸の放物線で、
グラフの頂点の座標は $(0, 9)$ で軸は y 軸
となります。
また、x の変域が $-2 \leqq x \leqq 2$ であることから、
このグラフは y 軸上 $(x = 0)$ で最大値をとり、
軸から最も遠い、x の変域の右端 $(x = 2)$ または
左端 $(x = -2)$ で最小値をとることがわかります。
最大値は $x = 0$ のときの y の値、つまり頂点の
y 座標となるので 9 となります。
最小値を求めるために、$y = -2x^2 + 9$ に $x = 2$ を
代入すると、
$y = -2 \times 2^2 + 9 = -8 + 9 = 1$
となるので最小値は 1 となります。
よって、y の最大値は 9，最小値は 1 となります。

2. x 軸上の点の y 座標は 0 なので、グラフと x 軸との共有点の y 座標も 0 になります。
よって、$y = 2x^2 - x - 6$ のグラフと x 軸との共有点の x 座標は、$y = 2x^2 - x - 6$
に $y = 0$ を代入した式、つまり二次方程式 $2x^2 - x - 6 = 0$ の解として求めることが
できます。二次方程式 $2x^2 - x - 6 = 0$ を解くと、左辺を
因数分解して $(x - 2)(2x + 3) = 0$ より、
$x - 2 = 0$ または $2x + 3 = 0$ となるので、

それぞれ解くと、$x = 2, -\dfrac{3}{2}$ となります。

したがって、グラフと x 軸との共有点の座標はそれぞれ

$(2, 0), \left(-\dfrac{3}{2}, 0\right)$ となります。

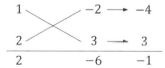

3. 二次不等式は二次関数のグラフと関連させて解きます。
まず、二次関数 $y = x^2 + 3x$ のグラフと x 軸の
共有点の x 座標は、右図より $x = -3, 0$ であることが
わかります。また、x の値が $-3 < x < 0$ の
範囲ではグラフが x 軸の下側にあり、この範囲では
y の値、つまり $x^2 + 3x$ の値が 0 より小さくなっている
ことを意味しています。

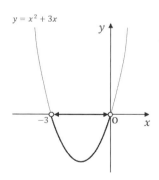

よって、二次不等式 $x^2 + 3x < 0$ の解は
$-3 < x < 0$ となるので、正しいものは②となります。

5

1 ⇒ 重要度A　　2 ⇒ 重要度A　　3 ⇒ 重要度B
4 ⇒ 重要度B　　5 ⇒ 重要度B

1. $tan \angle ABC = \dfrac{AC}{BC}$ に $BC = 46$, $\angle ABC = 28°$ を代入すると、

$tan28° = \dfrac{AC}{46}$ となります。

$tan28° = 0.5317$ より、$0.5317 = \dfrac{AC}{46}$ となり、

両辺に 46 を掛けると、

$0.5317 \times 46 = \dfrac{AC}{46} \times 46$

$24.4582 = AC$

$24.4582 ≒ 24.5$

よって、AC の長さはおよそ $24.5m$ となるので、正しいものは②となります。

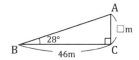

2. 三角比の関係式より、$sin\ \theta = sin\ (180° - \theta)$ が成り立ちます。
　したがって、θ に $152°$ を代入すると、
$sin152° = sin\ (180° - 152°) = sin28°$
$sin28° = 0.4695$ より、正しいものは③となります。

3. 三角比の相互関係の式より、$tanA = \dfrac{sinA}{cosA}$ が成り立ちます。

$sinA = \dfrac{\sqrt{5}}{3}$, $cosA = \dfrac{2}{3}$ より、この式にそれぞれ値を代入すると、

$tanA = \dfrac{sinA}{cosA} = sinA \div cosA = \dfrac{\sqrt{5}}{3} \div \dfrac{2}{3} = \dfrac{\sqrt{5}}{3} \times \dfrac{3}{2} = \dfrac{\sqrt{5}}{2}$

よって、正しいものは①となります。

4. 2つの辺とその間の角がわかっているので、
余弦定理 $a^2 = b^2 + c^2 - 2bccosA$
を用いて解きます。

$b = 3$, $c = 7$, $cosA = -\dfrac{2}{7}$ を代入すると、

$a^2 = 3^2 + 7^2 - 2 \times 3 \times 7 \times (-\dfrac{2}{7})$

$a^2 = 9 + 49 + 12$

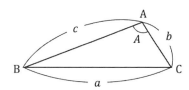

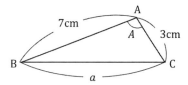

$a^2 = 70$

$a > 0$ であるから $a = \sqrt{70}$

よって、BC の長さは $\sqrt{70}\,cm$ となります。

5. 右図のように直線 BD でひし形を
三角形 2 つに分けると、2 つの三角形は
合同であるので、ひし形の面積は三角形の
面積の 2 倍になります。
三角形の面積を S とすると、

$$S = \frac{1}{2} \times AB \times AD \times sinA$$

で求められるので、$AB = AD = 2cm,\ A = 60°$
を代入すると、

$S = \dfrac{1}{2} \times 2 \times 2 \times sin60°$ となります。

$sin60° = \dfrac{\sqrt{3}}{2}$ より、

$S = \dfrac{1}{2} \times 2 \times 2 \times \dfrac{\sqrt{3}}{2} = \sqrt{3}$

よって、ひし形の面積は $\sqrt{3} \times 2 = 2\sqrt{3}\ (cm^2)$ となります。

1 ⇒ **重要度A**　　　2 ⇒ **重要度B**　　　3 ⇒ **重要度B**
4 ⇒ **重要度A**

1. まず、6 つのデータを小さい順にまとめると、
31, 31, 32, 35, 41, 46（万円）
となります。
①平均値はデータのすべての値の合計をデータの個数で割った値であり、
(31 + 31 + 32 + 35 + 41 + 46) ÷ 6 = 36 となるので①は正しいです。

②範囲は最大値から最小値を引いた値であり、46 − 31 = 15 となるので②は正しい
です。

③中央値を境にデータを 2 等分し、最小値を含む方のデータを下位のデータ、最大値
を含むほうのデータを上位のデータとしたとき、上位のデータの中央値が第 3 四分
位数となります。中央値はデータの値を小さい順に並べたときに中央にくる値で、
データの個数が偶数のときは、中央の 2 つの値を足して 2 で割った値を中央値とし
ます。
本問のデータの場合、中央値は小さいほうから 3 番目と 4 番目の値を足して 2 で
割った値となるので、中央値は (32 + 35) ÷ 2 = 33.5 となります。
中央値を境にデータを 2 等分し、31, 31, 32 を下位、35, 41, 46 を上位とします。

31, 31, 32 ｜ 35, 41, 46
　　下位　　　　上位
第3四分位数は上位データの中央値である 41 になるので③は正しいです。

④中央値は 33.5 であるので④は誤りです。
よって、誤っているものは④となります。

2. 下図のようにデータの四分位数・最大値・最小値を用いて、データの散らばり度合い
を表した図を箱ひげ図といいます。

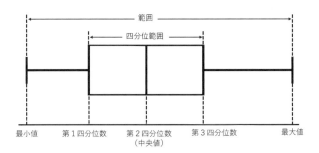

与えられた箱ひげ図から、最小値から第2四分位数までの長さと、第2四分位数から
最大値までの長さを比較すると、最小値から第2四分位数までの長さのほうが短く、
第2四分位数から最大値までの長さのほうが長くなっています。
このことから最小値を含む下位データのほうがデータの散らばりが小さく、最大値を
含む上位データのほうがデータの散らばりが大きくなっていることがわかります。
散らばりが小さいということはデータが狭い範囲に集中していることになるので、ヒ
ストグラムの柱は高くなり、散らばりが大きいということはデータが広い範囲に散ら
ばっていることになるので、ヒストグラムの柱は低くなります。
したがって、下位データのヒストグラムの柱が高く、上位データのヒストグラムの柱
が低いヒストグラムを選べばよいので、正しいものは①となります。

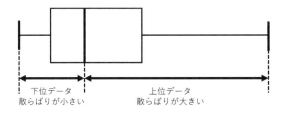

3. 平均値はデータのすべての値の合計をデータの個数で割った値であるので、それぞれ
のデータについて平均値を求めると次のようになります。
$A：(1 + 3 + 3 + 5 + 5 + 5 + 5 + 7 + 7 + 9) ÷ 10 = 5$　（回）
$B：(3 + 4 + 5 + 5 + 5 + 5 + 5 + 5 + 6 + 7) ÷ 10 = 5$　（回）
データの各値から平均値を引いた値を偏差、偏差の2乗の平均値を分散といいます。
それぞれ偏差と偏差の2乗の値を求めてまとめると、次の表のようになります。

A

回数	1	3	3	5	5	5	5	7	7	9
偏差	$1-5=-4$	$3-5=-2$	$3-5=-2$	$5-5=0$	$5-5=0$	$5-5=0$	$5-5=0$	$7-5=2$	$7-5=2$	$9-5=4$
(偏差)^2	$(-4)^2=16$	$(-2)^2=4$	$(-2)^2=4$	$0^2=0$	$0^2=0$	$0^2=0$	$0^2=0$	$2^2=4$	$2^2=4$	$4^2=16$

B

回数	3	4	5	5	5	5	5	5	6	7
偏差	$3-5=-2$	$4-5=-1$	$5-5=0$	$5-5=0$	$5-5=0$	$5-5=0$	$5-5=0$	$5-5=0$	$6-5=1$	$7-5=2$
(偏差)^2	$(-2)^2=4$	$(-1)^2=1$	$0^2=0$	$0^2=0$	$0^2=0$	$0^2=0$	$0^2=0$	$0^2=0$	$1^2=1$	$2^2=4$

表を基にそれぞれのデータの偏差の2乗の平均値を求めると次のようになります。

$A:(16+4+4+0+0+0+0+4+4+16) \div 10 = 4.8$（回）

$B:(4+1+0+0+0+0+0+0+1+4) \div 10 = 1$（回）

よって、2つのデータを比較すると、平均値は等しく、分散は*A*のほうが大きいので、正しいものは④となります。

4. 一方が増加すればもう一方も増加する傾向が見られるとき、2つの数量の間には正の相関があるといい、一方が増加すればもう一方は減少する傾向が見られるとき、2つの数量の間には負の相関があるといいます。また、相関関係の強さを数値で表したものを相関係数といい、正の相関が強いほど1に近づき、負の相関が強いほど−1に近づきます。

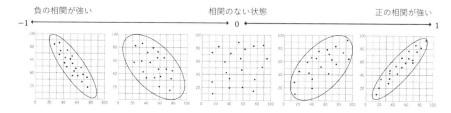

与えられたデータの相関係数は 0.82 であることから、正の相関が強いことがわかります。よって、右上がりに点が集まっている散布図を選べばよいので、正しいものは①となります。

令和４年度 第１回
高卒認定試験

数　学

解答時間　50分

数　学

1　次の ア ～ オ の □ を適切にうめなさい。

(1)　$2x^2 - 3x + 1$ を因数分解すると $\left(\boxed{ア} x - \boxed{イ} \right)\left(x - \boxed{ウ} \right)$ になる。

(2)　$(2x + y - 1)(2x + y + 1)$ を展開すると エ になる。
次の ① ～ ④ のうちから正しいものを一つ選べ。

① $4x^2 + y^2 - 1$

② $4x^2 + 2xy + y^2 - 1$

③ $4x^2 + 4xy + y^2 - 1$

④ $4x^2 + 4xy + y^2 + 2x + y - 1$

(3)　36 の正の約数全体の集合の部分集合になっているものは オ である。
次の ① ～ ④ のうちから正しいものを一つ選べ。

① $\{1, 2, 4, 8\}$

② $\{1, 3, 9, 27\}$

③ $\{4, 9, 18\}$

④ $\{12, 24\}$

2　次の ア ， イ の □ を適切にうめなさい。

(1) 一次不等式 $0.5x+1 > 0.7x-0.6$ を解くと，ア である。

次の ①〜④ のうちから正しいものを一つ選べ。

① $x < 8$　　② $x > 8$　　③ $x < -8$　　④ $x > -8$

(2) バドミントン用のグリップテープは 1 個 300 円，シャトルは 1 個 250 円である。予算 2800 円で合わせて 10 個買うとき，最大 イ 個までグリップテープを買うことができる。

令和4年度第1回試験

3　次の ア ～ エ の □ を適切にうめなさい。

(1)　二次関数 $y = -2x^2$ のグラフを x 軸方向に -3 だけ平行移動する。

　　このとき，移動後の放物線をグラフとする二次関数は ア である。

　　次の ① ～ ④ のうちから正しいものを一つ選べ。

　　　① 　$y = -2(x-3)^2$

　　　② 　$y = -2(x+3)^2$

　　　③ 　$y = -2x^2 - 3$

　　　④ 　$y = -2x^2 + 3$

(2)　右の図は，頂点の座標が $(1,3)$ で，原点を通る
　　二次関数のグラフである。

　　グラフがこのようになる二次関数は イ である。

　　次の ① ～ ④ のうちから正しいものを一つ選べ。

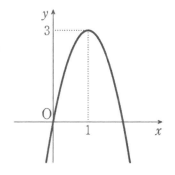

　　　① 　$y = -(x+1)^2 + 3$

　　　② 　$y = -(x-1)^2 + 3$

　　　③ 　$y = -3(x+1)^2 + 3$

　　　④ 　$y = -3(x-1)^2 + 3$

(3)　二次関数 $y = x^2 - 4x + 5$ のグラフの頂点の座標は $\left(\boxed{ウ} , \boxed{エ} \right)$ である。

令和4年度第1回試験

4 　次の ア ～ キ の ☐ を適切にうめなさい。

(1)　二次関数 $y = \left(x - \dfrac{3}{2}\right)^2 + 2$ において，x の変域を $-\dfrac{1}{2} \leqq x \leqq 2$ とするとき，

　　y の最大値は ア ，最小値は イ である。

(2)　二次関数 $y = x^2 - 5x + 2$ のグラフと x 軸との共有点の x 座標は，

$$x = \frac{\boxed{ウ} \pm \sqrt{\boxed{エオ}}}{\boxed{カ}}$$

　　である。

(3)　二次不等式 $(2x-3)(3x-2) > 0$ を解くと，その解は キ である。

　　次の ① ～ ④ のうちから正しいものを一つ選べ。

　　① 　$\dfrac{2}{3} < x < \dfrac{3}{2}$

　　② 　$x < \dfrac{2}{3} , \dfrac{3}{2} < x$

　　③ 　$-\dfrac{3}{2} < x < -\dfrac{2}{3}$

　　④ 　$x < -\dfrac{3}{2} , -\dfrac{2}{3} < x$

5 次の ア ～ キ の □ を適切にうめなさい。

必要であれば，次の三角比の値を利用すること。

$$\sin 37° = 0.6018 , \quad \cos 37° = 0.7986 , \quad \tan 37° = 0.7536$$

(1) 太郎さんは湖上花火大会に来ている。花火が打ち上がる高さがどれくらいなのか疑問に思い，次のように求めることにした。

　　図のように花火の中心点を A，太郎さんがいる地点を B，花火の打ち上げ地点を C とする。花火が開いたときの光と音の速さの差から，太郎さんがいる地点と花火の中心との距離 AB を求めたところ，AB＝550 m であることが分かった。また，∠ABC＝37°，∠ACB＝90° であった。

　　これらから花火の打ち上がる高さ AC はおよそ ア m であると分かった。

　　次の ①～④ のうちから最も適切なものを一つ選べ。

　① 275
　② 331
　③ 414
　④ 439

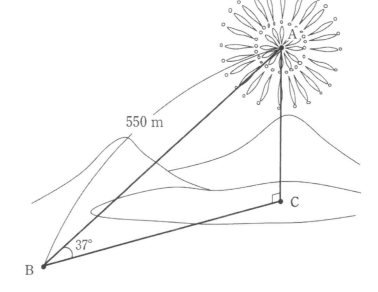

550 m

A

C

37°

B

(2) cos143° の値は イ である。

　　次の ①～④ のうちから最も適切なものを一つ選べ。

　① −0.7986 　　② −0.6018 　　③ 0.6018 　　④ 0.7986

(3)　$\sin 30° + \sin 60°$ の値は　ウ　である。

次の ①〜④ のうちから正しいものを一つ選べ。

①　0　　　　②　1　　　　③　$\dfrac{1}{2}$　　　　④　$\dfrac{1+\sqrt{3}}{2}$

令和4年度第1回試験

(4)　右の図の三角形 ABC において，
AB＝1 cm，AC＝3 cm，∠BAC＝120°
である。

このとき，BC の長さは
$\sqrt{\boxed{\text{エオ}}}$ cm である。

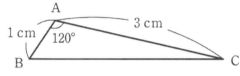

(5)　右の図の三角形 ABC において，
BC＝10 cm，∠A＝45°，∠B＝30°
である。

このとき，AC の長さは
$\boxed{\text{カ}}\sqrt{\boxed{\text{キ}}}$ cm である。

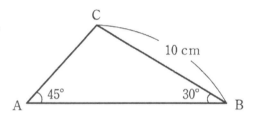

6　　次の　ア　～　オ　の　　　　を適切にうめなさい。

(1)　次のデータは，ある高校の柔道部の男子部員 10 人が，鉄棒で懸垂[けんすい]をした回数の
記録である。

$$12, 13, 5, 10, 26, 13, 10, 24, 10, 7 \quad (回)$$

このデータにおける中央値，最頻値，平均値を示す値を左から小さい順に並べ
るとき，正しく並べられているものは　ア　である。

次の ① ～ ④ のうちから一つ選べ。

①　最頻値＜中央値＜平均値
②　中央値＜最頻値＜平均値
③　平均値＜最頻値＜中央値
④　平均値＜中央値＜最頻値

令和4年度第1回試験

(2)　下の図は 2 人の生徒 A , B が月ごとに家庭学習を行った日数を 1 年間調べ，
箱ひげ図にまとめたものである。

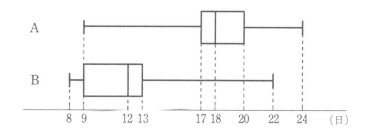

この箱ひげ図から読み取れることとして**誤っているもの**は　イ　である。

次の ① ～ ④ のうちから一つ選べ。

①　A は家庭学習を行った日数が 18 日以上の月が 6 か月以上ある。
②　B は家庭学習を行った日数が 12 日以下の月が 6 か月以上ある。
③　A の最小値と B の第 1 四分位数は等しい。
④　四分位範囲が 大きいのは A である。

(3)　次のデータは自動車にガソリンを６回入れたときの１L 当たりの
金額を調べたものである。

$$146, 142, 152, 148, 151, 143 \quad (円)$$

このデータの平均値は 147 (円) であり，分散は $\boxed{ウエ}$ である。

ただし，変量 x のデータの値が $x_1, x_2, \cdots\cdots, x_n$ で，その平均値が $\overline{x}$ のとき，

分散は $\dfrac{(x_1-\overline{x})^2+(x_2-\overline{x})^2+\cdots\cdots+(x_n-\overline{x})^2}{n}$ で求められる。

(4)　下の図は，ある 20 年間の１円硬貨の発行枚数 x (百万枚) と５円硬貨の
発行枚数 y (百万枚) のデータの散布図である。

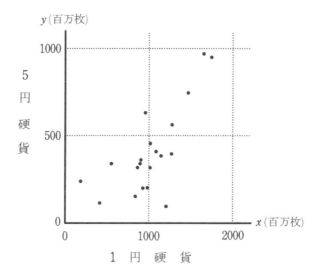

この散布図についての x と y の相関係数の近似値として，最も適切なものは
$\boxed{オ}$ である。

次の ①〜④ のうちから一つ選べ。

①　−0.64　　　②　−0.28　　　③　0.19　　　④　0.73

令和４年度　第１回

解答・解説

【重要度の表記】

Ａ：基本問題。合格に必要な問題です。

Ｂ：少し考えて解く問題。ここまで解ければ合格は
　　確実です！

Ｃ：考えて解く問題でやや難易度が高い。高得点を
　　ねらう人は復習するとよいでしょう！

令和 4 年度　第 1 回　高卒認定試験

【 解 答 】

	1 正答	1 配点	2 正答	2 配点	3 正答	3 配点	4 正答	4 配点	5 正答	5 配点	6 正答	6 配点
ア	2		1	5	2	5	6	2	2	5	1	5
イ	1	5	6	5	4	5	2	3	1	5	4	5
ウ	1				2	3	5		4	5	1	5
エ	3	5			1	2	1	5	1	5	4	
オ	3	5					7		3		4	5
カ							2		5	5		
キ							2	5	2			
ク												
ケ												
コ												
サ												
シ												
ス												
セ												
ソ												

【 解 説 】

1

1⇒ **重要度 A**　　　2⇒ **重要度 A**　　　3⇒ **重要度 B**

1. 因数分解の公式 $acx^2 + (ad + bc)\,x + bd = (ax + b)(cx + d)$ を用います。
　ここでは $ac = 2$,　$ad + bc = -3$,　$bd = 1$ となるので、これらを満たす a, b, c, d を下図のような方法で考えます。

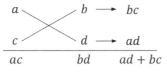 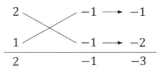

　よって、$a = 2$, $b = -1$, $c = 1$, $d = -1$ より、
　$2x^2 - 3x + 1 = (2x - 1)(x - 1)$ となります。

2. 乗法公式 $(a + b)(a - b) = a^2 - b^2$, $(a + b)^2 = a^2 + 2ab + b^2$ を利用して展開します。
　$2x + y$ を A とおくと
　$(2x + y - 1)(2x + y + 1) = (A - 1)(A + 1) = A^2 - 1$

A を $2x + y$ にもどすと，
$$A^2 - 1 = (2x + y)^2 - 1$$
$$= (2x)^2 + 2 \times 2x \times y + y^2 - 1$$
$$= 4x^2 + 4xy + y^2 - 1$$
よって，正しいものは③となります。

※乗法公式を利用せずに展開した場合，次のようになります。

$$(a + b)(c + d) = \underset{①}{\underline{ac}} + \underset{②}{\underline{ad}} + \underset{③}{\underline{bc}} + \underset{④}{\underline{bd}}$$

$$(2x + y - 1)(2x + y + 1) = 4x^2 + 2xy + 2x + 2xy + y^2 + y - 2x - y - 1$$
$$= 4x^2 + 2xy + 2xy + 2x - 2x + y^2 + y - y - 1$$
$$= 4x^2 + 4xy + y^2 - 1$$

3. 36 の正の約数（36 を割り切ることができる正の整数）全体の集合を A とすると，
$A = \{1,\ 2,\ 3,\ 4,\ 6,\ 9,\ 12,\ 18,\ 36\}$ となります。A の部分集合（すべての要素が A に含まれる集合）を考えると，③ $\{4,\ 9,\ 18\}$ のみすべての要素が A に含まれています。
よって，A の部分集合として正しいものは③となります。

2

1⇒ 重要度Ａ 　　2⇒ 重要度Ａ

1. 整数にするために両辺を 10 倍して一次不等式を解きます。
$$0.5x + 1 > 0.7x - 0.6$$
$$5x + 10 > 7x - 6$$
$$5x - 7x > -6 - 10$$
$$-2x > -16$$
$$x < -16 \div (-2) \cdots 負の数で割るときは不等号の向きが変わります。$$
$$x < 8$$
よって，正しいものは①となります。

2. グリップテープを x 個買うとすると，シャトルの個数は $10 - x$ 個となります。
このとき，グリップテープの代金は $300 \times x$ 円，シャトルの代金は $250 \times (10 - x)$ 円，
代金の合計は $300 \times x + 250 \times (10 - x)$ 円と表せます。
代金の合計を 2800 円以内にしたいので，これを不等式で表して解きます。
$$300x + 250(10 - x) \leqq 2800$$
$$300x + 2500 - 250x \leqq 2800$$
$$300x - 250x \leqq 2800 - 2500$$
$$50x \leqq 300$$
$$x \leqq 300 \div 50$$
$$x \leqq 6$$

よって、最大6個までグリップテープを買うことができます。

3

1 ⇒ 重要度A　　　2 ⇒ 重要度A　　　3 ⇒ 重要度B

1. $y = ax^2$ のグラフを x 軸方向に p, y 軸方向に q だけ平行移動したグラフの式は
$y = a(x - p)^2 + q$ となります。
よって、$y = -2x^2$ のグラフを x 軸方向に -3 だけ平行移動したグラフの式は
$y = -2\{x - (-3)\}^2 = -2(x + 3)^2$ となるので、正しいものは②となります。

2. 頂点の座標が (p, q) の二次関数のグラフの式は $y = a(x - p)^2 + q$ となるので、
頂点の座標が $(1, 3)$ の二次関数のグラフの式は $y = a(x - 1)^2 + 3$ になります。
このグラフが原点 $(0, 0)$ を通るので、$y = a(x - 1)^2 + 3$ に $x = 0, y = 0$ を代入し、
a を求めると
$0 = a(0 - 1)^2 + 3$
$0 = a \times (-1)^2 + 3$
$0 = a + 3$
$a = -3$
よって、$y = -3(x - 1)^2 + 3$ となるので、正しいものは④となります。

3. $y = x^2 - 4x + 5$ の式は、このままではグラフの頂点の座標がわからないので、
$y = a(x - p)^2 + q$ の式に変形（平方完成）します。
$y = x^2 - 4x + 5$ … x の前にある数の半分の二乗 $(2^2 = 4)$ を足して引く。
$\quad = x^2 - 4x + 4 - 4 + 5$ …因数分解の公式 $a^2 - 2ab + b^2 = (a - b)^2$
$\quad = (x - 2)^2 - 4 + 5$
$\quad = (x - 2)^2 + 1$
よって、$y = x^2 - 4x + 5$ のグラフの頂点の座標は $y = (x - 2)^2 + 1$ のグラフの
頂点の座標と同じであるので、頂点の座標は $(2, 1)$ となります。

$\boxed{4}$

1⇒ **重要度B**　　2⇒ **重要度B**　　3⇒ **重要度 A**

1. 下に凸の放物線は軸から遠いほど y の値は大きくなり、軸上で y の値は最も小さくなります。$y = (x - \dfrac{3}{2})^2 + 2$ のグラフは下に凸の放物線で、グラフの頂点の座標が $(\dfrac{3}{2}, 2)$ で軸は $x = \dfrac{3}{2}$ となります。

また、x の変域が $-\dfrac{1}{2} \leqq x \leqq 2$ であることから、このグラフは軸から最も遠い x の変域の左端 $(x = -\dfrac{1}{2})$ で最大値をとり、軸上 $(x = \dfrac{3}{2})$ で最小値をとることがわかります。

最大値を求めるために、$y = (x - \dfrac{3}{2})^2 + 2$ に $x = -\dfrac{1}{2}$ を代入すると、

$y = (-\dfrac{1}{2} - \dfrac{3}{2})^2 + 2 = (-2)^2 + 2 = 6$

となるので最大値は 6 となります。

最小値は $x = \dfrac{3}{2}$ のときの y の値、つまり頂点の y 座標となるので最小値は 2 となります。
よって、y の最大値は 6, 最小値は 2 となります。

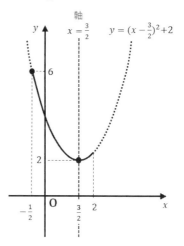

2. x 軸上の点の y 座標は 0 なので、グラフと x 軸との共有点の y 座標も 0 になります。よって、$y = x^2 - 5x + 2$ のグラフと x 軸との共有点の x 座標は、$y = x^2 - 5x + 2$ に $y = 0$ を代入した式、つまり二次方程式 $x^2 - 5x + 2 = 0$ の解として求めることができます。二次方程式 $x^2 - 5x + 2 = 0$ は左辺が因数分解できないので、解の公式を利用します。

解の公式：$ax^2 + bx + c = 0$　$x = \dfrac{-b \pm \sqrt{b^2 - 4ac}}{2a}$

$x^2 - 5x + 2 = 0$ より
解の公式に $a = 1, b = -5, c = 2$ を代入すると、
$x = \dfrac{-(-5) \pm \sqrt{(-5)^2 - 4 \times 1 \times 2}}{2 \times 1} = \dfrac{5 \pm \sqrt{25 - 8}}{2} = \dfrac{5 \pm \sqrt{17}}{2}$

よって、共有点の x 座標はそれぞれ $x = \dfrac{5 \pm \sqrt{17}}{2}$ となります。

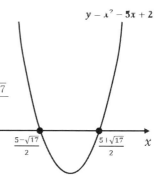

3. 二次不等式は二次関数のグラフと関連させて解きます。

まず、二次関数 $y = (2x - 3)(3x - 2)$ のグラフと x 軸の共有点の x 座標を考えます。
$(2x - 3)(3x - 2) = 0$ を解くと、$2x - 3 = 0$ または $3x - 2 = 0$ となるので、それぞれ方程式を解くと $x = \dfrac{3}{2}$, $\dfrac{2}{3}$ と求まり、共有点の x 座標もそれぞれ $x = \dfrac{3}{2}$, $\dfrac{2}{3}$ となります。

右図より、x の値が $x < \dfrac{2}{3}$ と $\dfrac{3}{2} < x$ の範囲では
グラフが x 軸の上側にあり、この範囲では
y の値、つまり $(2x - 3)(3x - 2)$ の値が 0 より
大きくなっていることを意味しています。
よって、二次不等式 $(2x - 3)(3x - 2) > 0$ の解は
$x < \dfrac{2}{3}$, $\dfrac{3}{2} < x$ となるので、正しいものは②となります。

$y = (2x - 3)(3x - 2)$

5

1 ⇒ **重要度 A**   2 ⇒ **重要度 A**   3 ⇒ **重要度 A**
4 ⇒ **重要度 B**   5 ⇒ **重要度 B**

1. $sin \angle ABC = \dfrac{AC}{AB}$ に、$AB = 550$, $\angle ABC = 37°$ を代入すると、

$sin 37° = \dfrac{AC}{550}$ となります。

$sin 37° = 0.6018$ なので、$0.6018 = \dfrac{AC}{550}$ となり、

両辺に 550 を掛けると、

$0.6018 \times 550 = \dfrac{AC}{550} \times 550$

$330.99 = AC$

$330.99 \fallingdotseq 331$

よって、AC は $331m$ となるので、正しいものは②となります。

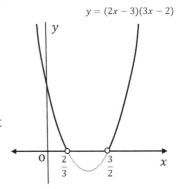

2. 三角比の関係式より、$cos\,\theta = -cos(180° - \theta)$ が成り立ちます。
   したがって、θ に $143°$ を代入すると、
   $cos 143° = -cos(180° - 143°) = -cos 37°$
   $cos 37° = 0.7986$ より、$-cos 37° = -0.7986$
   よって、$cos 143° = -0.7986$ となるので、正しいものは①となります。

3. ３つの角が、90°　30°　60°の直角三角形
   の３辺の長さの間には右図のような

比の関係が成り立つので、

$sin30° = \dfrac{1}{2}$ ， $sin60° = \dfrac{\sqrt{3}}{2}$ となります。

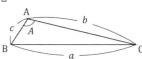

よって、$sin30° + sin60° = \dfrac{1}{2} + \dfrac{\sqrt{3}}{2} = \dfrac{1+\sqrt{3}}{2}$

となるので、正しいものは④となります。

4. ２つの辺とその間の角がわかっているので、余弦定理 $a^2 = b^2 + c^2 - 2bc\,cosA$ を用いて解きます。

$b = 3$, $c = 1$, $A = 120°$ を代入すると、

$a^2 = 3^2 + 1^2 - 2 \times 3 \times 1 \times cos120°$

$cos120° = - cos（180° - 120°）= - cos60° = - \dfrac{1}{2}$ より

$a^2 = 3^2 + 1^2 - 2 \times 3 \times 1 \times（-\dfrac{1}{2}）$

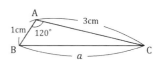

$a^2 = 9 + 1 + 3$

$a^2 = 13$

$a > 0$ であるから $a = \sqrt{13}$

よって、BC の長さは $\sqrt{13}\ cm$ となります。

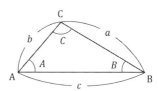

5. １つの辺と２つの角がわかっているので、正弦定理 $\dfrac{a}{sinA} = \dfrac{b}{sinB} = \dfrac{c}{sinC}$ を用いて解きます。

正弦定理から $\dfrac{a}{sinA} = \dfrac{b}{sinB}$ を取り出して、

$a = 10$, $A = 45°$ ， $B = 30°$ を代入すると、

$\dfrac{10}{sin45°} = \dfrac{b}{sin30°}$

$10 \div sin45° = b \div sin30°$

$sin45° = \dfrac{1}{\sqrt{2}}$ ， $sin30° = \dfrac{1}{2}$ より、

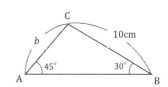

$10 \div \dfrac{1}{\sqrt{2}} = b \div \dfrac{1}{2}$

$10 \times \sqrt{2} = b \times 2$

$10\sqrt{2} = 2b$

$b = 10\sqrt{2} \div 2$

$b = 5\sqrt{2}$

よって、AC の長さは $5\sqrt{2}\ cm$ となります。

6

1 ⇒ 重要度A   2 ⇒ 重要度B   3 ⇒ 重要度A

4 ⇒ 重要度A

1. まず、10人のデータを小さい順にまとめると、

 5，7，10，10，10，12，13，13，24，26（回）

 となります。

 中央値はデータの値を小さい順に並べたときに中央にくる値で、データの個数が偶数のときは、中央の2つの値を足して2で割った値を中央値とします。

 データが10個の場合の中央値は、小さいほうから5番目と6番目の値を足して2で割ると、$(10 + 12) \div 2 = 11$（回）となります。

 最頻値はデータの中で最も個数の多い値であるので、10（回）となります。

 平均値はデータのすべての値の合計をデータの個数で割った値であるので、

 $(5 + 7 + 10 + 10 + 10 + 12 + 13 + 13 + 24 + 26) \div 10 = 13$（回）となります。

 よって、値を小さいほうから順に並べると、最頻値→中央値→平均値の順になるので、正しいものは①となります。

2. 図のようにデータの四分位数と最大値・最小値を用いて、データの散らばり度合いを表した図を箱ひげ図といいます。

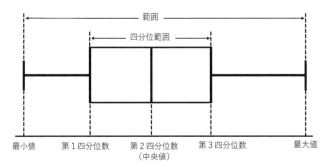

 ①Aの箱ひげ図より、中央値が18であることから、少なくとも1年間（12か月）の半数にあたる6か月は18日以上の月であることがわかるので、①は正しいです。

 ②Bの箱ひげ図より、中央値が12であることから、少なくとも1年間（12か月）の半数にあたる6か月は12日以下の月であることがわかるので、②は正しいです。

 ③A，Bの箱ひげ図よりAの最小値は9であり、Bの第1四分位数も9であることがわかるので、③は正しいです。

 ④（第3四分位数）－（第1四分位数）が四分位範囲であり、箱ひげ図より

 Aの四分位範囲は$20 - 17 = 3$

 Bの四分位範囲は$13 - 9 = 4$

 となるので、四分位範囲が大きいのはBです。

 よって、誤っているものは④となります。

3. データの各値から平均値を引いた値を偏差、偏差の2乗の平均値を分散といいます。データから偏差と偏差の2乗の値を求めてまとめると、下の表のようになります。

金額	146	142	152	148	151	143
偏差	$146 - 147 = -1$	$142 - 147 = -5$	$152 - 147 = 5$	$148 - 147 = 1$	$151 - 147 = 4$	$143 - 147 = -4$
(偏差)^2	$(-1)^2 = 1$	$(-5)^2 = 25$	$5^2 = 25$	$1^2 = 1$	$4^2 = 16$	$(-4)^2 = 16$

偏差の2乗の平均値を求めると、$(1 + 25 + 25 + 1 + 16 + 16) \div 6 = 14$
よって、分散は14となります。

4. 一方が増加すればもう一方も増加する傾向が見られるとき、2つの数量の間には正の相関があるといい、一方が増加すればもう一方は減少する傾向が見られるとき、2つの数量の間には負の相関があるといいます。また、相関関係の強さを数値で表したものを相関係数といい、正の相関が強いほど1に近づき、負の相関が強いほど-1に近づきます。

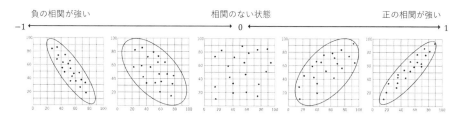

与えられたデータの散布図は右上がりに点が集まっていて正の相関が強いことから、相関係数は1に近づくので、正しいものは④となります。

令和３年度 第２回
高卒認定試験

数　学

解答時間　50分

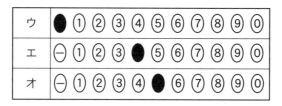

数　学

1　次の ア ～ オ の　　　を適切にうめなさい。

(1)　$2x^2+5x-3$ を因数分解すると $\left(x+\boxed{\text{ア}}\right)\left(\boxed{\text{イ}}\,x-\boxed{\text{ウ}}\right)$ になる。

(2)　$(a^2+b)^2$ を展開すると エ になる。

次の ① ～ ④ のうちから正しいものを一つ選べ。

① 　a^4+b^2

② 　$2a^2+2a^2b+2b$

③ 　$a^4+2a^2b+b^2$

④ 　$a^2+2a^2b^2+b^2$

(3)　$U=\{1,2,3,4,5,6\}$ を全体集合とする。

$A=\{1,2,3\}$，$B=\{1,3,5\}$ のとき，$\{1,3\}$ と等しい集合は オ である。

次の ① ～ ④ のうちから正しいものを一つ選べ。

① 　$A\cup B$

② 　$A\cap B$

③ 　$A\cap \overline{B}$

④ 　$\overline{A}\cap B$

2 次の ア ～ イウエオ の □ を適切にうめなさい。

(1) $a < b$ のとき，正しいものは ア である。

次の ①～④ のうちから一つ選べ。

① $a + 5 > b + 5$

② $\dfrac{a}{3} > \dfrac{b}{3}$

③ $2a - 3 > 2b - 3$

④ $-4a > -4b$

(2) 文化祭のパンフレットを印刷することにした。印刷の費用は 1000 部までは 1 部につき 15 円で，1000 部をこえた分は 1 部につき 12 円で印刷できる。

予算が 30000 円のとき，最大で イウエオ 部印刷できる。

令和3年度第2回試験

3　次の　ア　～　エ　の　　　　を適切にうめなさい。

(1)　二次関数 $y=2(x-1)^2+2$ のグラフの概形として最も適切なものは

　　　ア　である。

　　　次の ① ～ ④ のうちから一つ選べ。

①
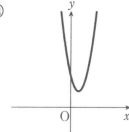

②
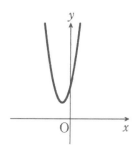

③
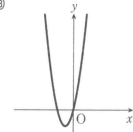

④
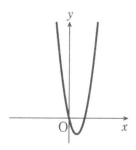

(2)　右の図は，頂点が (1 , 1) で点 (0 , −2) を通る二次関数
　　のグラフである。グラフがこのようになる二次関数は

　　　イ　である。

　　　次の ① ～ ④ のうちから正しいものを一つ選べ。

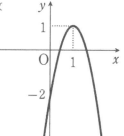

①　　$y=-2(x-1)^2+1$

②　　$y=-2(x+1)^2+1$

③　　$y=-3(x-1)^2+1$

④　　$y=-3(x+1)^2+1$

(3)　二次関数 $y=x^2-6x+16$ のグラフの頂点の座標は (　ウ　 , 　エ　) である。

4 次の ア ～ エ の □ を適切にうめなさい。

(1) 二次関数 $y=(x-5)^2+1 \,(3 \leqq x \leqq 6)$ の最大値は ア ，最小値は イ である。

(2) 二次関数 $y=(x+7)^2-2$ のグラフと x 軸との共有点の個数は ウ 個である。

(3) 二次不等式 $(x+2)^2 \leqq 0$ を解くと，その解は エ 。

次の ① ～ ④ のうちから正しいものを一つ選べ。

ただし，右の図は，二次関数 $y=(x+2)^2$ の
グラフである。

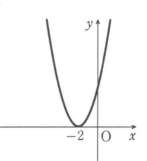

① すべての実数である

② $x=-2$ を除くすべての実数である

③ $x=-2$ である

④ ない

5　次の　ア　～　オ　の　□　を適切にうめなさい。

必要であれば，次の三角比の表を利用すること。

角	正弦(sin)	余弦(cos)	正接(tan)
65°	0.9063	0.4226	2.1445
66°	0.9135	0.4067	2.2460
67°	0.9205	0.3907	2.3559
68°	0.9272	0.3746	2.4751
69°	0.9336	0.3584	2.6051

(1)　クレーン車を使って荷物の搬入（はんにゅう）をする。下の図のようにアームの先端をA，

アームの支点をBとし，荷物とワイヤーの接続部分をCとする。アームの

長さABが10 m，点Bから点Cまでの水平距離を4 m，∠ACB = 90°とする。

このとき，∠ABCの大きさは　ア　である。

次の ① ～ ④ のうちから正しいものを一つ選べ。

① 　65° 以上 66° 未満
② 　66° 以上 67° 未満
③ 　67° 以上 68° 未満
④ 　68° 以上 69° 未満

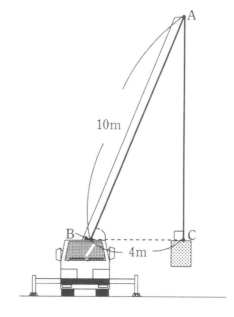

(2)　sin 115°の値は　イ　である。

次の ① ～ ④ のうちから最も適切なものを一つ選べ。

①　−0.9063　　　②　−0.4226　　　③　0.4226　　　④　0.9063

令
和
３
年
度
第
２
回
試
験

(3) $\sin^2 30° + \cos^2 150°$ の値は $\boxed{\text{ウ}}$ である。

(4) 右の図の三角形 ABC において,

AB＝5 cm , AC＝6 cm , $\cos A = -\dfrac{1}{3}$

である。

このとき，BC の長さは

$\boxed{\text{エ}}$ cm である。

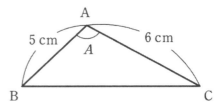

(5) 右の図の三角形 ABC において,

AB＝6 cm , $\sin A = \dfrac{2}{5}$, $\sin C = \dfrac{3}{5}$

である。

このとき，BC の長さは

$\boxed{\text{オ}}$ cm である。

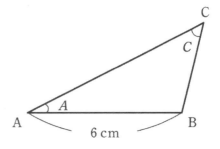

6　次の ア ～ オ の □ を適切にうめなさい。

(1)　次のデータは，ある 10 日間に A さんが受け取ったメールの数である。

$$4 , 3 , 2 , 4 , 6 , 3 , 5 , 1 , 2 , 1 \quad (通)$$

このデータの第 1 四分位数は ア (通)，範囲は イ (通)である。

(2)　次のデータは，ある高校の 9 クラスについて，運動部への所属人数を調べたものである。

$$23 , 25 , 22 , 17 , 14 , 27 , 18 , 20 , 15 \quad (人)$$

このデータの箱ひげ図として正しいものは ウ である。
次の ① ～ ④ のうちから一つ選べ。

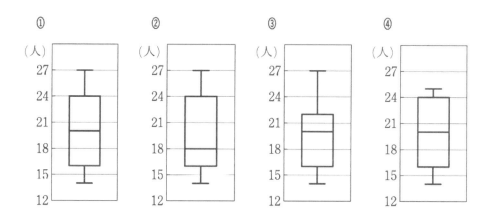

(3) 次のデータは，A さんが 7 日間で捕まえたアブラゼミとクマゼミの数である。

アブラゼミ ： 4, 2, 6, 2, 4, 2, 1 （匹）
クマゼミ ： 2, 3, 2, 5, 4, 3, 2 （匹）

この 2 つのデータを比較したときの記述として正しいものは エ である。
次の ①〜④ のうちから一つ選べ。

① 平均値は等しく，分散も等しい。
② 平均値は等しく，分散はアブラゼミの方が大きい。
③ 平均値は等しく，分散はクマゼミの方が大きい。
④ 平均値はアブラゼミの方が大きく，分散は等しい。

ただし，変量 x のデータの値が $x_1, x_2, \cdots\cdots, x_n$ で，その平均値が $\overline{x}$ のとき，

分散は $\dfrac{(x_1-\overline{x})^2+(x_2-\overline{x})^2+\cdots\cdots+(x_n-\overline{x})^2}{n}$ で求められる。

(4) 下の図は，ある年の 47 都道府県庁の所在地における年間平均気温(℃)と，年間積雪日数(日)のデータを散布図として表したものである。

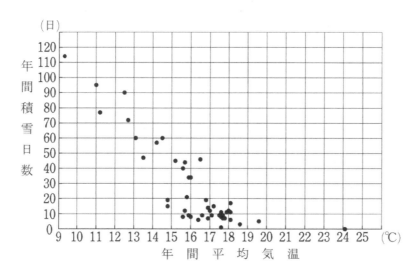

この散布図についての相関係数の近似値として最も適切なものは オ である。
次の ①〜④ のうちから一つ選べ。

① −0.85　　② −0.5　　③ 0.4　　④ 0.9

令和３年度　第２回

解答・解説

【重要度の表記】

Ａ：基本問題。合格に必要な問題です。

Ｂ：少し考えて解く問題。ここまで解ければ合格は
　　確実です！

Ｃ：考えて解く問題でやや難易度が高い。高得点を
　　ねらう人は復習するとよいでしょう！

令和3年度 第2回 高卒認定試験

【 解 答 】

1	正答	配点	2	正答	配点	3	正答	配点	4	正答	配点	5	正答	配点	6	正答	配点
ア	3		ア	4	5	ア	1	5	ア	5	2	ア	2	5	ア	2	2
イ	2	5	イ	2		イ	3	5	イ	1	3	イ	4	5	イ	5	3
ウ	1		ウ	2	5	ウ	3	3	ウ	2	5	ウ	1	5	ウ	1	5
エ	3	5	エ	5		エ	7	2	エ	3	5	エ	9	5	エ	2	5
オ	2	5	オ	0		オ			オ			オ	4	5	オ	1	5
カ			カ			カ			カ			カ			カ		
キ			キ			キ			キ			キ			キ		
ク			ク			ク			ク			ク			ク		
ケ			ケ			ケ			ケ			ケ			ケ		
コ			コ			コ			コ			コ			コ		
サ			サ			サ			サ			サ			サ		
シ			シ			シ			シ			シ			シ		
ス			ス			ス			ス			ス			ス		
セ			セ			セ			セ			セ			セ		
ソ			ソ			ソ			ソ			ソ			ソ		

【 解 説 】

1

1⇒ 重要度A   2⇒ 重要度A   3⇒ 重要度B

1. 因数分解の公式 $acx^2 + (ad + bc) x + bd = (ax + b) (cx + d)$ を用います。
ここでは $ac = 2$, $ad + bc = 5$, $bd = -3$ となるので、これらを満たす a, b, c, d を下図のような方法で考えます。

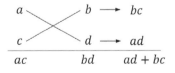
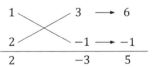

よって、$a = 1$, $b = 3$, $c = 2$, $d = -1$ より、
$2x^2 + 5x - 3 = (x + 3) (2x - 1)$ となります。

2. 乗法公式 $(a + b)^2 = a^2 + 2ab + b^2$ を利用して展開します。
$$(a^2 + b)^2 = (a^2)^2 + 2a^2 b + b^2$$
$$= a^4 + 2a^2 b + b^2$$

よって、正しいものは③となります。

※乗法公式を利用せずに展開した場合、次のようになります。

$$(a + b)(c + d) = \underset{①}{ac} + \underset{②}{ad} + \underset{③}{bc} + \underset{④}{bd}$$

$$(a^2 + b)^2 = (a^2 + b)\ (a^2 + b)$$
$$= a^4 + a^2 b + a^2 b + b^2$$
$$= a^4 + 2a^2 b + b^2$$

3. 2つの集合 A, B のどちらにも含まれる要素全体の集合を A と B の共通部分といい、$A \cap B$ と表します。$\{1,\ 3\}$ は集合 A, B の共通部分であるので、正しいものは②となります。

2

1 ⇒ **重要度A**　　　2 ⇒ **重要度A**

1. 不等式には次の性質があります。
   $a < b$ のとき
   1. $a + c < b + c$,　$a - c < b - c$
   2. $c > 0$ ならば $ac < bc$, $\dfrac{a}{c} < \dfrac{b}{c}$
   3. $c < 0$ ならば $ac > bc$, $\dfrac{a}{c} > \dfrac{b}{c}$

   不等式は両辺に同じ数を足し引きしたり、同じ正の数を掛けたり同じ正の数で割ったりしても不等号の向きは変わりませんが、同じ負の数を掛けたり同じ負の数で割ったりすると、不等号の向きが変わります。
   よって、不等号の向きが変わるのは同じ負の数を掛けている④のみであるので、正しいものは④となります。

2. 全部で最大 x 部印刷できるとすると、1000部を超えた分の印刷部数は $(x - 1000)$ 部、1000部を超えた分の印刷費用は $12 \times (x - 1000)$ 円と表せます。
   また、1000部の印刷費用は 15×1000 円であるので、印刷費用の合計は
   $12 \times (x - 1000) + 15 \times 1000$ （円）と表せます。
   印刷費用の合計を30000円以内にしたいので、これを不等式で表して解きます。
   $$12 \times (x - 1000) + 15 \times 1000 \leqq 30000$$
   $$12x - 12000 + 15000 \leqq 30000$$
   $$12x + 3000 \leqq 30000$$
   $$12x \leqq 30000 - 3000$$
   $$12x \leqq 27000$$
   $$x \leqq 27000 \div 12$$

$$x \leqq 2250$$

よって、最大 2250 部印刷することができます。

3

1 ⇒ 重要度A   2 ⇒ 重要度A   3 ⇒ 重要度B

1. $y = a\ (x - p)^2 + q$ のグラフは、頂点の座標が $(p,\ q)$ の放物線になります。よって、$y = 2\ (x - 1)^2 + 2$ のグラフの頂点の座標は $(1,\ 2)$ となるので、グラフの頂点の位置に着目すると正しいものは①となります。

2. 頂点の座標が $(p,\ q)$ の二次関数のグラフの式は $y = a\ (x - p)^2 + q$ となるので、頂点の座標が $(1,\ 1)$ の二次関数のグラフの式は $y = a\ (x - 1)^2 + 1$ になります。これが $(0,\ -2)$ を通るので、$x = 0,\ y = -2$ をグラフの式に代入して a の値を求めます。

$$-2 = a\ (0 - 1)^2 + 1$$
$$-2 = a \times (-1)^2 + 1$$
$$-2 = a + 1$$
$$a + 1 = -2$$
$$a = -2 - 1$$
$$a = -3$$

よって、グラフの式は、$y = -3\ (x - 1)^2 + 1$ となり、正しいものは③となります。

3. $y = x^2 - 6x + 16$ の式は、このままではグラフの頂点の座標がわからないので $y = a\ (x - p)^2 + q$ の式に変形（平方完成）します。

$y = x^2 - 6x + 16$ …x の前にある数の半分の二乗 $(3^2 = 9)$ を足して引きます。

$$= x^2 - 6x + 9 - 9 + 16 \ \cdots 因数分解の公式\ a^2 - 2ab + b^2 = (a - b)^2$$
$$= (x - 3)^2 - 9 + 16$$
$$= (x - 3)^2 + 7$$

よって、$y = x^2 - 6x + 16$ のグラフの頂点の座標は $y = (x - 3)^2 + 7$ のグラフの頂点の座標と同じであるので、頂点の座標は $(3,\ 7)$ となります。

4

1 ⇒ 重要度B   2 ⇒ 重要度A   3 ⇒ 重要度B

1. 下に凸の放物線は軸から遠いほど y の値は大きくなり、軸上で y の値は最も小さくなります。$y = (x - 5)^2 + 1$ のグラフは下に凸の放物線で、グラフの頂点の座標が $(5,\ 1)$ で軸は $x = 5$ となります。

また、x の変域が $3 \leqq x \leqq 6$ であることから、このグラフは軸から最も遠い x の変域の左端 $(x = 3)$ で最大値をとり、軸上 $(x = 5)$ で最小値をとることがわかります。

最大値を求めるために $y = (x - 5)^2 + 1$

に $x = 3$ を代入すると、

$y = (3-5)^2 + 1 = (-2)^2 + 1 = 5$

となるので最大値は 5 となります。

最小値は $x = 5$ のときの y の値、

つまり頂点の y 座標となるので

最小値は 1 となります。

よって、y の最大値は 5，最小値は 1 となります。

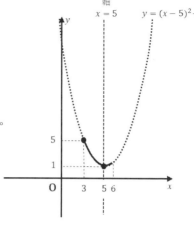

2. 二次関数 $y = (x+7)^2 - 2$ のグラフは、

下に凸で、頂点の座標は $(-7, -2)$

となるのでグラフは右図のようになります。

よって、x 軸との共有点の個数は 2 個となります。

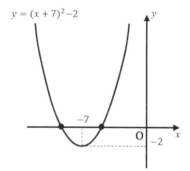

3. 二次不等式 $(x+2)^2 \leqq 0$ は、

二次関数 $y = (x+2)^2$ のグラフを用いて考えます。

このグラフは $x = -2$ で x 軸に接しているので、

y の値、つまり $(x+2)^2$ の値が 0 以下となるのは

$x = -2$ のみとなります（$x = -2$ のとき $y = 0$）。

よって、二次不等式 $(x+2)^2 \leqq 0$ を満たす x は -2

であるので、正しいものは③となります。

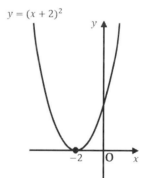

5

1 ⇒ 重要度A   2 ⇒ 重要度A   3 ⇒ 重要度B

4 ⇒ 重要度B   5 ⇒ 重要度B

1. $\cos \angle ABC = \dfrac{BC}{AB}$ に $AB = 10$，$BC = 4$ を代入すると、

$\cos \angle ABC = \dfrac{4}{10} = 0.4$ となります。

三角比の表より $\cos 66° = 0.4067$，$\cos 67° = 0.3907$

であるので、$\angle ABC$ は $66°$ から $67°$ の間であることが

わかります。よって、正しいものは②となります。

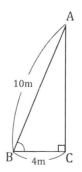

2. 三角比の関係式より、$sin\ \theta = sin\ (180° - \theta)$ が成り立ちます。
  したがって、θ に 115° を代入すると、
  $sin115° = sin\ (180° - 115°) = sin65°$
  三角比の表より、$sin65° = 0.9063$ であるので、正しいものは④となります。

3. 三角比の関係式より、$cos\ \theta = - cos\ (180° - \theta)$ が成り立ちます。
  θ に 150° を代入すると、
  $cos150° = - cos\ (180° - 150°) = - cos30°$
  よって、$sin^2 30° + cos^2 150° = sin^2 30° + (- cos30°)^2 = sin^2 30° + cos^2 30°$
  三角比の相互関係の式より、$sin^2 A + cos^2 A = 1$ となるので
  $sin^2 30° + cos^2 30° = 1$
  したがって、$sin^2 30° + cos^2 150°$ の値は 1 となります。

4. 2つの辺とその間の角がわかっているので、余弦定理 $a^2 = b^2 + c^2 - 2bc cosA$ を用いて解きます。

  $b = 6,\ c = 5,\ cosA = -\dfrac{1}{3}$ を代入すると、

  $a^2 = 6^2 + 5^2 - 2 \times 6 \times 5 \times (-\dfrac{1}{3})$

  $a^2 = 36 + 25 + 20$
  $a^2 = 81$
  $a > 0$ であるから $a = 9$
  よって、BC の長さは $9\,cm$ となります。

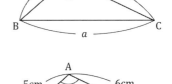

5. 1つの辺と2つの角がわかっているので、正弦定理 $\dfrac{a}{sinA} = \dfrac{b}{sinB} = \dfrac{c}{sinC}$ を用いて解きます。

  正弦定理から $\dfrac{a}{sinA} = \dfrac{c}{sinC}$ を取り出して、

  $sinA = \dfrac{2}{5},\ sinC = \dfrac{3}{5},\ c = 6$ を代入すると、

  $\dfrac{a}{sinA} = \dfrac{c}{sinC}$

  $a \div sinA = c \div sinC$

  $a \div \dfrac{2}{5} = 6 \div \dfrac{3}{5}$

  $a \times \dfrac{5}{2} = 6 \times \dfrac{5}{3}$

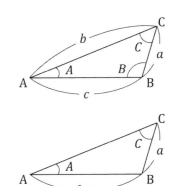

$$\frac{5}{2}a = 10$$

$$a = 10 \div \frac{5}{2}$$

$$a = 10 \times \frac{2}{5}$$

$$a = 4$$

よって、BC の長さは $4\,cm$ となります。

6

1 ⇒ 重要度A   2 ⇒ 重要度A   3 ⇒ 重要度B   4 ⇒ 重要度A

1. 中央値はデータの値を小さい順に並べたときに中央にくる値で、データの個数が偶数のときは、中央の2つの値を足して2で割った値を中央値とします。
   中央値を境にデータを2等分し、最小値を含むほうのデータを下位のデータ、最大値を含むほうのデータを上位のデータとしたとき、下位のデータの中央値が第1四分位数、上位のデータの中央値が第3四分位数となります。四分位数は次の手順で求めます。

   ①データの値を小さい順に並べると5番目と6番目のデータの値の平均値が中央値となるので、中央値は3となります。
   　 1，1，2，2，3，3，4，4，5，6

   ②中央値を境にデータを2等分し、1，1，2，2，3 を下位、3，4，4，5，6 を上位とします。
   　 1，1，2，2，3 ∣ 3，4，4，5，6
   　　　　下位　　　　　上位

   ③下位のデータの中央値は2となるので、第1四分位数は2となります。

   また、データの範囲は最大値から最小値を引いた値なので、6 − 1 ＝ 5 となります。
   よって、このデータの第1四分位数は2（通）、データの範囲は5（通）となります。

2. 下図のようにデータの四分位数と最大値・最小値を用いてデータの散らばり度合いを表した図を箱ひげ図といいます。

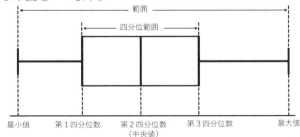

四分位数と最大値・最小値をそれぞれ求め、正しい箱ひげ図を選びます。

①データの値を小さい順に並べると 5 番目のデータの値が中央値となるので、中央値は 20 となります。

14，15，17，18，20，22，23，25，27

②中央値を境にデータを 2 等分し 14，15，17，18 を下位、22，23，25，27 を上位とします。

14，15，17，18 ｜ 22，23，25，27
　　　下位　　　　　　上位

③下位のデータの中央値は、(15 + 17) ÷ 2 = 16 より、第 1 四分位数は 16（人）となります。上位のデータの中央値は、(23 + 25) ÷ 2 = 24 より、第 3 四分位数は 24（人）となります。

よって、第 1 四分位数が 16，中央値（第 2 四分位数）が 20，第 3 四分位数が 24 で、最大値が 27，最小値が 14 であることから、正しい箱ひげ図は①となります。

3. 平均値はデータのすべての値の合計をデータの個数で割った値であるので、それぞれのデータについて平均値を求めると次のようになります。
　アブラゼミ：(4 + 2 + 6 + 2 + 4 + 2 + 1) ÷ 7 = 3 　（匹）
　クマゼミ　：(2 + 3 + 2 + 5 + 4 + 3 + 2) ÷ 7 = 3 　（匹）

データの各値から平均値を引いた値を偏差、偏差の 2 乗の平均値を分散といいます。
それぞれ偏差と偏差の 2 乗の値を求めてまとめると、次の表のようになります。

アブラゼミ

セミの数	4	2	6	2	4	2	1
偏差	$4 - 3 = 1$	$2 - 3 = -1$	$6 - 3 = 3$	$2 - 3 = -1$	$4 - 3 = 1$	$2 - 3 = -1$	$1 - 3 = -2$
(偏差)^2	$1^2 = 1$	$(-1)^2 = 1$	$3^2 = 9$	$(-1)^2 = 1$	$1^2 = 1$	$(-1)^2 = 1$	$(-2)^2 = 4$

クマゼミ

セミの数	2	3	2	5	4	3	2
偏差	$2 - 3 = -1$	$3 - 3 = 0$	$2 - 3 = -1$	$5 - 3 = 2$	$4 - 3 = 1$	$3 - 3 = 0$	$2 - 3 = -1$
(偏差)^2	$(-1)^2 = 1$	$0^2 = 0$	$(-1)^2 = 1$	$2^2 = 4$	$1^2 = 1$	$0^2 = 0$	$(-1)^2 = 1$

表を基にそれぞれのデータの偏差の 2 乗の平均値を求めると次のようになります。

アブラゼミ：$(1 + 1 + 9 + 1 + 1 + 1 + 4) ÷ 7 = \dfrac{18}{7}$ （匹）

クマゼミ　：$(1 + 0 + 1 + 4 + 1 + 0 + 1) ÷ 7 = \dfrac{8}{7}$ （匹）

よって、2 つのデータを比較すると、平均値は等しく、分散はアブラゼミのほうが大きくなるので、正しいものは②となります。

4. 一方が増加すればもう一方も増加する傾向が見られるとき、2つの数量の間には正の相関があるといい、一方が増加すればもう一方は減少する傾向が見られるとき、2つの数量の間には負の相関があるといいます。また、相関関係の強さを数値で表したものを相関係数といい、正の相関が強いほど1に近づき、負の相関が強いほど−1に近づきます。

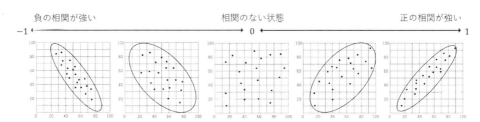

与えられたデータの散布図は右下がりに点が集まっていて負の相関が強いことから、相関係数は−1に近づくので、正しいものは①となります。

令和3年度 第1回
高卒認定試験

数　学

解答時間　50分

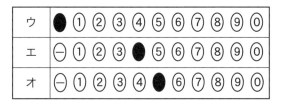

数　　学

1　次の ア ～ オ の □ を適切にうめなさい。

(1)　$A = 2x^2 + 4x - 1$, $B = -x^2 - 5x + 2$ のとき，$3A + B$ を計算すると，
$\boxed{\text{ア}} x^2 + \boxed{\text{イ}} x - \boxed{\text{ウ}}$ になる。

(2)　$x = \dfrac{1}{\sqrt{6} + 2}$, $y = \dfrac{1}{\sqrt{6} - 2}$ のとき，$x + y = \sqrt{\boxed{\text{エ}}}$ になる。

(3)　n は自然数とする。命題「n^2 が３の倍数ならば，n は３の倍数である」の
対偶は「$\boxed{\text{オ}}$」である。
次の ① ～ ④ のうちから正しいものを一つ選べ。

①　n が３の倍数でないならば，n^2 は３の倍数でない
②　n が３の倍数ならば，n^2 は３の倍数である
③　n^2 が３の倍数でないならば，n は３の倍数でない
④　n^2 が３の倍数でないならば，n は３の倍数である

2 次の ア , イウ の □ を適切にうめなさい。

(1) 一次不等式 $\dfrac{5x+7}{2} \geqq 3x+5$ を解くと，その解は ア である。

次の ① ～ ④ のうちから正しいものを一つ選べ。

 ① $x \geqq 3$ ② $x \leqq 3$ ③ $x \geqq -3$ ④ $x \leqq -3$

(2) ドラッグストアでマスクと除菌シートを販売している。マスクは 1 袋 130 円，除菌シートは 1 袋 120 円であり，合わせて 20 袋買うことにした。

代金の合計を 2500 円以下にするとき，マスクは最大 イウ 袋買うことができる。

3　　次の　ア　～　エオ　の　□　を適切にうめなさい。

(1)　二次関数 $y = -(x+3)^2$ のグラフの概形として最も適切なものは

ア　である。

次の ①〜④ のうちから一つ選べ。

① 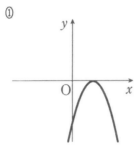　　　②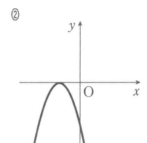

③ 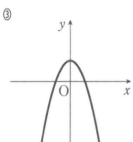　　　④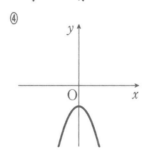

(2)　二次関数 $y = 2(x+2)^2 + a$　（a は定数）のグラフが点 $(0, 12)$ を通るとき，

a の値は　イ　である。

(3)　右の図は，二次関数 $y = 3x^2 - 12x + 9$ のグラフである。

このグラフの頂点の座標は $\left(\; ウ\;,\; エオ\; \right)$ である。

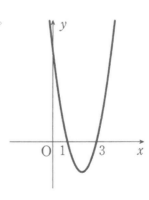

4　次の ア ～ オ の □ を適切にうめなさい。

(1) 二次関数 $y=-(x+4)^2+3$ において，x の変域を $-5\leqq x\leqq -1$ とするとき，y の最大値は ア ，最小値は イウ である。

(2) 二次関数 $y=2x^2-7x+6$ のグラフと x 軸との共有点の座標は， エ である。

次の ①～④ のうちから正しいものを一つ選べ。

① $(2,0)$，$\left(\dfrac{3}{2},0\right)$

② $(2,0)$，$\left(\dfrac{2}{3},0\right)$

③ $(2,0)$，$\left(-\dfrac{3}{2},0\right)$

④ $(2,0)$，$\left(-\dfrac{2}{3},0\right)$

(3) 二次不等式 $(x-2)(x+6)>0$ を解くと，その解は オ である。

次の ①～④ のうちから正しいものを一つ選べ。

① $-6<x<2$

② $x<-6$, $2<x$

③ $-2<x<6$

④ $x<-2$, $6<x$

令和3年度第1回試験

5　次の　ア　～　カ　の　　　　を適切にうめなさい。

必要であれば，次の三角比の表を利用すること。

角	正弦(sin)	余弦(cos)	正接(tan)
1°	0.0175	0.9998	0.0175
2°	0.0349	0.9994	0.0349
3°	0.0523	0.9986	0.0524
4°	0.0698	0.9976	0.0699
5°	0.0872	0.9962	0.0875

(1)　下の図は，ある施設の入り口に設置されたスロープを模式的に表したものである。スロープの上り始める地点を A ，終わる地点を B ，B から地面に下ろした垂線と地面との交点を C とする。AC＝8.0 m ，BC＝0.4 m ，∠ACB＝90° であった。

　　このとき，∠CAB の大きさは　ア　である。

　　次の ① ～ ④ のうちから最も適切なものを一つ選べ。

① 　1° 以上 2° 未満
② 　2° 以上 3° 未満
③ 　3° 以上 4° 未満
④ 　4° 以上 5° 未満

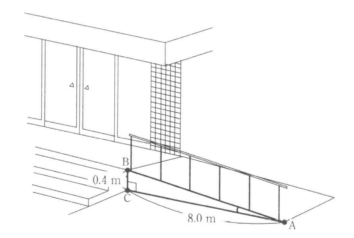

(2)　sin 88° の値は　イ　である。

　　次の ① ～ ④ のうちから最も適切なものを一つ選べ。

①　 −0.9994　　　②　 0.0349　　　③　 0.0349　　　④　 0.9994

(3) A が鈍角で，$\sin A = \dfrac{1}{6}$ のとき，$\cos A$ の値は $\boxed{\text{ウ}}$ である。

次の ①～④ のうちから正しいものを一つ選べ。

① $\dfrac{5}{6}$　　　② $-\dfrac{5}{6}$　　　③ $\dfrac{\sqrt{35}}{6}$　　　④ $-\dfrac{\sqrt{35}}{6}$

(4) 右の図の三角形 ABC において，

AB=5 cm，AC=2 cm，$\cos A = \dfrac{3}{4}$

である。

このとき，BC の長さは

$\sqrt{\boxed{\text{エオ}}}$ cm である。

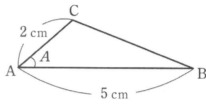

(5) 半径 2 cm の円 O に内接する正五角形の面積はおよそ $\boxed{\text{カ}}$ cm^2 である。

次の ①～④ のうちから最も適切なものを一つ選べ。

必要であれば，次の三角比の値を利用すること。

$\sin 72° = 0.9511$，$\cos 72° = 0.3090$，$\tan 72° = 3.0777$

① 3.1
② 9.5
③ 12.6
④ 30.8

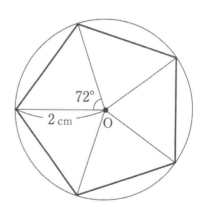

令和３年度第１回試験

6　次の ア ～ オ の 　　　 を適切にうめなさい。

(1)　次のデータは，小学校１年生の令子さんが夏休みの宿題でアサガオの苗を育て，開花した花の数を９日間調べたものである。

$$2, 4, 2, 7, 12, 9, 7, 2, 3$$

　　　このデータの中央値は ア で，最頻値は イ である。

(2)　下の図は，Ａさんと Ｂさんの２人がそれぞれ，将棋の20回の対局で，対局が終わるまでに何手かかったかのデータを箱ひげ図に表したものである。

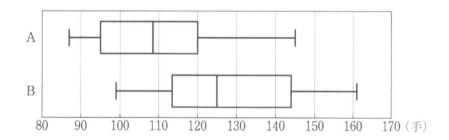

　　　この箱ひげ図から読み取れることとして，正しいものは ウ である。

　　　次の ① ～ ④ のうちから一つ選べ。

　　① 　Ａの第３四分位数は，Ｂの中央値より大きい。

　　② 　四分位範囲は，Ａも Ｂも 50 (手) より大きい。

　　③ 　Ａは 100 (手) より少なかった対局が，少なくとも５回あった。

　　④ 　Ｂの中央値は，130 (手) である。

(3) 次のデータは，A さんと B さんが 1 週間にコンビニエンスストアを利用した回数を 8 週間調べ，その回数を小さい値から順に並べたものである。

A：0，2，4，4，4，6，6，6（回）

B：1，3，5，5，5，7，7，7（回）

この 2 つのデータについての記述として正しいものは $\boxed{\text{エ}}$ である。

次の ① ～ ④ のうちから一つ選べ。

① 平均値は等しく，分散も等しい。

② 平均値は等しく，分散は B の方が大きい。

③ 平均値は B の方が大きく，分散は等しい。

④ 平均値は B の方が大きく，分散も B の方が大きい。

ただし，変量 x のデータの値が $x_1, x_2, \cdots\cdots, x_n$ で，その平均値が $\overline{x}$ のとき，

分散は $\dfrac{(x_1 - \overline{x})^2 + (x_2 - \overline{x})^2 + \cdots\cdots + (x_n - \overline{x})^2}{n}$ で求められる。

(4) 下の図は，標高 x(m) と年間平均気温 y(℃) を 30 か所で計測した結果を散布図として表したものである。

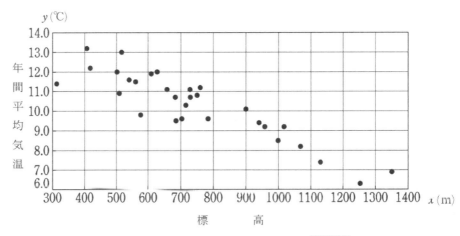

この散布図についての記述として最も適切なものは $\boxed{\text{オ}}$ である。

次の ① ～ ④ のうちから一つ選べ。

① 標高が最も高い地点の年間平均気温が最も低い。

② 標高が 1000 m を超える地点では年間平均気温はすべて 9 ℃以下である。

③ 年間平均気温が 10 ℃以上の地点はすべて標高が 800 m 以下である。

④ 標高が高いほど年間平均気温が低い傾向がある。

令和３年度　第１回

解答・解説

令和3年度 第1回 高卒認定試験

【 解 答 】

1	正答	配点	2	正答	配点	3	正答	配点	4	正答	配点	5	正答	配点	6	正答	配点
ア	5		ア	4	5	ア	2	5	ア	3	3	ア	2	5	ア	4	3
イ	7	5	イ	1		イ	4	5	イ	−		イ	4	5	イ	2	2
ウ	1		ウ	0	5	ウ	2	3	ウ	6	2	ウ	4	5	ウ	3	5
エ	6	5	エ			エ	−	2	エ	1	5	エ	1	5	エ	3	5
オ	1	5	オ			オ	3		オ	2	5	オ	4		オ	4	5
カ			カ			カ			カ			カ	2	5	カ		
キ			キ			キ			キ			キ			キ		
ク			ク			ク			ク			ク			ク		
ケ			ケ			ケ			ケ			ケ			ケ		
コ			コ			コ			コ			コ			コ		
サ			サ			サ			サ			サ			サ		
シ			シ			シ			シ			シ			シ		
ス			ス			ス			ス			ス			ス		
セ			セ			セ			セ			セ			セ		
ソ			ソ			ソ			ソ			ソ			ソ		

【 解 説 】

1

1 ⇒ 重要度A　　　2 ⇒ 重要度A　　　3 ⇒ 重要度B

1. $A = 2x^2 + 4x - 1$, $B = -x^2 - 5x + 2$ を $3A + B$ の式に代入して計算します。

$3(2x^2 + 4x - 1) + (-x^2 - 5x + 2)$

$= 6x^2 + 12x - 3 - x^2 - 5x + 2$

$= 6x^2 - x^2 + 12x - 5x - 3 + 2$

$= 5x^2 + 7x - 1$

よって、$3A + B$ の値は $5x^2 + 7x - 1$ となります。

2. $x = \dfrac{1}{\sqrt{6} + 2}$, $y = \dfrac{1}{\sqrt{6} - 2}$ を、$x + y$ の式に代入して計算します。

$x + y = \dfrac{1}{\sqrt{6} + 2} + \dfrac{1}{\sqrt{6} - 2}$ …通分して分母を $(\sqrt{6} + 2)(\sqrt{6} - 2)$ に揃えます。

$= \dfrac{\sqrt{6} - 2}{(\sqrt{6} + 2)(\sqrt{6} - 2)} + \dfrac{\sqrt{6} + 2}{(\sqrt{6} + 2)(\sqrt{6} - 2)}$

$$= \frac{(\sqrt{6} - 2) + (\sqrt{6} + 2)}{(\sqrt{6} + 2)(\sqrt{6} - 2)} \quad \cdots 乗法公式 (a + b)(a - b) = a^2 - b^2$$

$$= \frac{\sqrt{6} - 2 + \sqrt{6} + 2}{(\sqrt{6})^2 - 2^2}$$

$$= \frac{\sqrt{6} + \sqrt{6} - 2 + 2}{6 - 4}$$

$$= \frac{2\sqrt{6}}{2}$$

$$= \sqrt{6}$$

よって、$x + y$ の値は $\sqrt{6}$ となります。

3. 命題「$p \Rightarrow q$」(p ならば q である)に対して、「$\bar{q} \Rightarrow \bar{p}$」($q$ でないならば p でない)をもとの命題の対偶といいます。

命題「n^2 が 3 の倍数ならば、n は 3 の倍数である」について

$p = n^2$ が 3 の倍数

$q = n$ は 3 の倍数

とすると、

$\bar{p} = n^2$ が 3 の倍数でない

$\bar{q} = n$ は 3 の倍数でない

となります。

よって、命題の対偶「$\bar{q} \Rightarrow \bar{p}$」は「$n$ が 3 の倍数でないならば、n^2 は 3 の倍数でない」になるので、正しいものは①となります。

2

1 ⇒ **重要度 A**   2 ⇒ **重要度 A**

1. 計算しやすくするために、両辺に 2 を掛けて整数に直してから一次不等式を解きます。

$$\frac{5x + 7}{2} \geqq 3x + 5$$

$$2 \times \frac{5x + 7}{2} \geqq 2 \times (3x + 5)$$

$$5x + 7 \geqq 2(3x + 5)$$
$$5x + 7 \geqq 6x + 10$$
$$5x - 6x \geqq 10 - 7$$
$$-x \geqq 3$$
$$x \leqq 3 \div (-1) \quad \cdots 負の数で割ると不等号の向きが変わります。$$
$$x \leqq -3$$

よって、正しいものは④となります。

2. マスクを x 袋買うとすると、除菌シートの数は $20 - x$ 袋となります。
　　このときマスクの代金は $130 \times x$ 円、除菌シートの代金は $120 \times (20 - x)$ 円と表せます。代金の合計を 2500 円以下にしたいので、これを不等式で表して解きます。

$$130x + 120 (20 - x) \leqq 2500$$
$$130x + 2400 - 120x \leqq 2500$$
$$130x - 120x \leqq 2500 - 2400$$
$$10x \leqq 100$$
$$x \leqq 100 \div 10$$
$$x \leqq 10$$

　　よって、マスクは最大 10 袋買うことができます。

3

1 ⇒ 重要度A　　　　2 ⇒ 重要度A　　　3 ⇒ 重要度B

1. $y = a (x - p)^2 + q$ のグラフは、頂点の座標が (p, q) の放物線になります。
　　よって、グラフの頂点の座標は $y = - (x + 3)^2 = - \{x - (-3)\}^2$ より、$(-3, 0)$ となるので、グラフの頂点の位置に着目すると、正しいものは②となります。

2. 二次関数 $y = 2 (x + 2)^2 + a$ が $(0, 12)$ を通るので、$x = 0$, $y = 12$ を式に代入して a の値を求めます。

$$12 = 2 (0 + 2)^2 + a$$
$$12 = 2 \times 2^2 + a$$
$$12 = 8 + a$$
$$a = 12 - 8$$
$$a = 4$$

　　よって、a の値は 4 となります。

3. 右図より、グラフと x 軸の共有点の x 座標は $x = 1, 3$ であり、また二次関数のグラフは軸で左右対称になっていることから、グラフの軸は $x = 2$ であることがわかります。グラフの軸は必ずグラフの頂点を通るので、頂点の x 座標も $x = 2$ となります。$x = 2$ を $y = 3x^2 - 12x + 9$ に代入して頂点の y 座標を求めると、

$$y = 3 \times 2^2 - 12 \times 2 + 9$$
$$= 12 - 24 + 9$$
$$= -3$$

よって、頂点の座標は $(2, -3)$ となります。

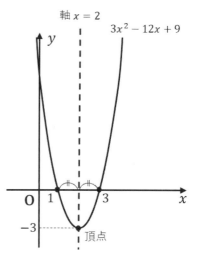

4

1 ⇒ **重要度B**　　　2 ⇒ **重要度A**　　　3 ⇒ **重要度A**

1. 上に凸の放物線は、軸上で y の値は最も大きく
なり、軸から遠いほど y の値は小さくなります。
$y = -(x+4)^2 + 3$ のグラフは上に凸の放物線で、
グラフの頂点の座標が $(-4, 3)$ で軸は $x = -4$
となります。
また、x の変域が $-5 \leqq x \leqq -1$ であることから、
このグラフは軸上 $(x = -4)$ で最大値をとり、
軸から最も遠い x の変域の右端 $(x = -1)$ で最小値
をとることがわかります。
最大値は $x = -4$ のときの y の値、つまり頂点の
y 座標となるので 3 となります。
最小値を求めるために、$y = -(x+4)^2 + 3$ に $x = -1$ を代入すると、
$y = -(-1+4)^2 + 3 = -3^2 + 3 = -6$
となるので最小値は -6 となります。
よって、y の最大値は 3、最小値は -6 となります。

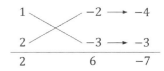

2. x 軸上の点の y 座標は 0 なので、グラフと x 軸との共有点の y 座標も 0 になります。
よって、$y = 2x^2 - 7x + 6$ のグラフと x 軸との共有点の x 座標は $y = 2x^2 - 7x + 6$
に $y = 0$ を代入した式、つまり二次方程式 $2x^2 - 7x + 6 = 0$ の解として求めること
ができます。
二次方程式 $2x^2 - 7x + 6 = 0$ を解くと、左辺を
因数分解して $(x - 2)(2x - 3) = 0$ より、
$x - 2 = 0$ または $2x - 3 = 0$ となるので、
それぞれ解くと $x = 2,\ \dfrac{3}{2}$ となります。

よって、グラフと x 軸との共有点の座標はそれぞれ

$(2,\ 0),\ \left(\dfrac{3}{2},\ 0\right)$ となります。

したがって、正しいものは①となります。

3. 二次不等式は二次関数のグラフと関連させて解きます。
まず、二次関数 $y = (x - 2)(x + 6)$ のグラフと x 軸
の共有点の x 座標を考えます。
$(x - 2)(x + 6) = 0$ を解くと、
$x - 2 = 0$ または $x + 6 = 0$ となるので、
それぞれ解くと $x = 2,\ -6$ と求まり、共有点
の x 座標もそれぞれ $x = 2,\ -6$ となります。
右図より、x の値が $x < -6$ と $2 < x$ の範囲では
グラフが x 軸の上側にあり、この範囲では
y の値、つまり $(x - 2)(x + 6)$ の値が 0 より

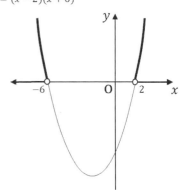

大きくなっていることを意味しています。
よって、二次不等式 $(x-2)(x+6)>0$ の解は
$x<-6, 2<x$ となるので、正しいものは②となります。

5

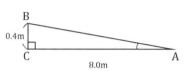

1. $tan\angle CAB = \dfrac{BC}{AC}$ に $AC=8.0$, $BC=0.4$ を代入すると、

   $tan\angle CAB = \dfrac{0.4}{8.0} = 0.05$ となります。

   三角比の表より $tan2°=0.0349$, $tan3°=0.0524$
   であるので、$\angle CAB$ は $2°$ から $3°$ の間であることが
   わかります。よって、正しいものは②となります。

   ```
   B
   0.4m
   C ──────────── A
        8.0m
   ```

2. 三角比の関係式より、$sin\theta = cos(90°-\theta)$ が成り立ちます。
   したがって、θ に $88°$ を代入すると、
   $sin88° = cos(90°-88°) = cos2°$
   三角比の表より $cos2°=0.9994$ であるので、正しいものは④となります。

3. 三角比の相互関係の式より、$sin^2 A + cos^2 A = 1$ が成り立ちます。

   $sinA = \dfrac{1}{6}$ より、この式に $sinA = \dfrac{1}{6}$ を代入すると、

   $(\dfrac{1}{6})^2 + cos^2 A = 1$

   $cos^2 A = 1 - (\dfrac{1}{6})^2 = 1 - \dfrac{1}{36} = \dfrac{35}{36}$

   A が鈍角より、$cosA<0$ となるので、$cosA = -\sqrt{\dfrac{35}{36}} = -\dfrac{\sqrt{35}}{\sqrt{36}} = -\dfrac{\sqrt{35}}{6}$ と求められ
   ます。
   よって、正しいものは④となります。

4. 2つの辺とその間の角がわかっているので、
   余弦定理 $a^2 = b^2 + c^2 - 2bc\,cosA$ を用いて解きます。

   $b=2$, $c=5$, $cosA = \dfrac{3}{4}$ を代入すると、

   $a^2 = 2^2 + 5^2 - 2\times2\times5\times\dfrac{3}{4}$

   $a^2 = 4 + 25 - 15$
   $a^2 = 14$
   $a>0$ であるから $a = \sqrt{14}$

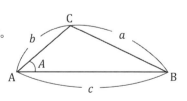

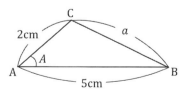

よって、BC の長さは $\sqrt{14}$ cm となります。

5. 右図のように正五角形の中から三角形を
切り取って考えます。

$\triangle ABC$ の面積を S とすると、$S = \dfrac{1}{2} \times b \times c \times sinA$

が成り立ちます。

円の半径は長さが等しいので、$b = c = 2cm$
であり、$A = 72°$ であるので、式に値を代入

すると、$S = \dfrac{1}{2} \times 2 \times 2 \times sin72°$ となります。

$sin72° = 0.9511$ より、

$S = \dfrac{1}{2} \times 2 \times 2 \times 0.9511 = 1.9022$

$\triangle ABC$ の面積は 1.9022 (cm^2) となります。

正五角形の面積は $\triangle ABC$ の面積の 5 倍であるので、$1.9022 \times 5 = 9.511$ より、

正五角形のおよその面積は $9.5(cm^2)$ となります。よって、正しいものは②となります。

1 ⇒ 重要度A   2 ⇒ 重要度B   3 ⇒ 重要度B   4 ⇒ 重要度A

1. まず、9 人のデータを小さい順にまとめると、
2，2，2，3，4，7，7，9，12（回）
となります。
中央値はデータの値を小さい順に並べたときに中央にくる値であり、データが 9 つある場合は 5 番目の値が中央値となります。また、最頻値はデータの中で最も個数の多い値です。よって、中央値は 4 で、最頻値は 2 となります。

2. 下図のようにデータの四分位数・最大値・最小値を用いて、データの散らばり度合いを表した図を箱ひげ図といいます。

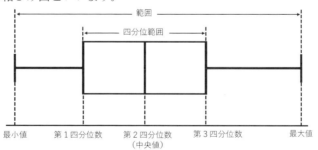

①箱ひげ図より、A の第 3 四分位数は 120，B の中央値は 120 よりも大きいので、①は誤りです。

②（第 3 四分位数）－（第 1 四分位数）が四分位範囲であり、箱ひげ図より A と B の四分位範囲はどちらも 50 より小さいので、②は誤りです。

③A の箱ひげ図より、第 1 四分位数は 100 より小さいことから、少なくとも全 20 回

の対局のうちの4分の1にあたる5回は100手より少ないことがわかるので、③は正しいです。

④箱ひげ図より、Bの中央値は130よりも小さいので、④は誤りです。

よって、正しいものは③となります。

3. 平均値はデータのすべての値の合計をデータの個数で割った値であるので、それぞれのデータについて平均値を求めると次のようになります。

A：$(0 + 2 + 4 + 4 + 4 + 6 + 6 + 6) \div 8 = 4$　（回）

B：$(1 + 3 + 5 + 5 + 5 + 7 + 7 + 7) \div 8 = 5$　（回）

データの各値から平均値を引いた値を偏差、偏差の2乗の平均値を分散といいます。

まず、それぞれ偏差を求めてまとめると、下の表のようになります。

A

回数	0	2	4	4	4	6	6	6
偏差	$0-4=-4$	$2-4=-2$	$4-4=0$	$4-4=0$	$4-4=0$	$6-4=2$	$6-4=2$	$6-4=2$

B

回数	1	3	5	5	5	7	7	7
偏差	$1-5=-4$	$3-5=-2$	$5-5=0$	$5-5=0$	$5-5=0$	$7-5=2$	$7-5=2$	$7-5=2$

ここで表を見比べると、AとBの偏差がすべて等しいことから、分散も等しくなることがわかります。

よって、平均値はBのほうが大きく分散は等しいので、正しいものは③となります。

4. 2つの数量からなるデータを平面上に表したものを散布図といいます。

また、一方が増加すればもう一方も増加する傾向が見られるとき、2つの数量の間に正の相関があるといい、一方が増加すればもう一方は減少する傾向が見られるとき、2つの数量の間には負の相関があるといいます。

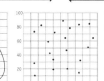
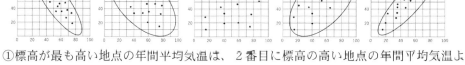

①標高が最も高い地点の年間平均気温は、2番目に標高の高い地点の年間平均気温より高いので誤りです。

②標高が$1000\,m$を超える地点のうち、一地点だけ気温が$9\,℃$を超えるところがあるので誤りです。

③年間平均気温が$10\,℃$以上の地点で、標高が$800\,m$より高い地点が1つだけあるので誤りです。

④散布図は右下がりに点が集まっていることから、標高が高いほど年間平均気温が低くなる傾向にあることがわかるので正しいです。

よって、正しいものは④となります。

第　回　高等学校卒業程度認定試験

数学　解答用紙

氏名 [　　　　]

生年月日

年号						
明治 (M)	⓪	①	②	③	④	⑤⑥⑦⑧⑨
大正 (T)	⓪	①	②	③		
昭和 (S)	⓪	①	②	③	④	⑤⑥⑦⑧⑨
平成 (H)	⓪	①				
	⓪	①	②	③	④	⑤⑥⑦⑧⑨
		①	②	③	④	⑤⑥⑦⑧⑨

受験番号

| ⓪①②③④⑤⑥⑦⑧⑨ |
| ⓪①②③④⑤⑥⑦⑧⑨ |
| ⓪①②③④⑤⑥⑦⑧⑨ |
| ⓪①②③④⑤⑥⑦⑧⑨ |
| ① |

受験地

北海道 ○	滋賀 ○
青森 ○	京都 ○
岩手 ○	大阪 ○
宮城 ○	兵庫 ○
秋田 ○	奈良 ○
山形 ○	和歌山 ○
福島 ○	鳥取 ○
茨城 ○	島根 ○
栃木 ○	岡山 ○
群馬 ○	広島 ○
埼玉 ○	山口 ○
千葉 ○	徳島 ○
東京 ○	香川 ○
神奈川 ○	愛媛 ○
新潟 ○	高知 ○
富山 ○	福岡 ○
石川 ○	佐賀 ○
福井 ○	長崎 ○
山梨 ○	熊本 ○
長野 ○	大分 ○
岐阜 ○	宮崎 ○
静岡 ○	鹿児島 ○
愛知 ○	沖縄 ○
三重 ○	

解答欄

1

	解答欄 −0123456789
ア	−⓪①②③④⑤⑥⑦⑧⑨
イ	−⓪①②③④⑤⑥⑦⑧⑨
ウ	−⓪①②③④⑤⑥⑦⑧⑨
エ	−⓪①②③④⑤⑥⑦⑧⑨
オ	−⓪①②③④⑤⑥⑦⑧⑨
カ	−⓪①②③④⑤⑥⑦⑧⑨
キ	−⓪①②③④⑤⑥⑦⑧⑨
ク	−⓪①②③④⑤⑥⑦⑧⑨
ケ	−⓪①②③④⑤⑥⑦⑧⑨
コ	−⓪①②③④⑤⑥⑦⑧⑨
サ	−⓪①②③④⑤⑥⑦⑧⑨
シ	−⓪①②③④⑤⑥⑦⑧⑨
ス	−⓪①②③④⑤⑥⑦⑧⑨
セ	−⓪①②③④⑤⑥⑦⑧⑨
ソ	−⓪①②③④⑤⑥⑦⑧⑨

2

	解答欄 −0123456789
ア	−⓪①②③④⑤⑥⑦⑧⑨
イ	−⓪①②③④⑤⑥⑦⑧⑨
ウ	−⓪①②③④⑤⑥⑦⑧⑨
エ	−⓪①②③④⑤⑥⑦⑧⑨
オ	−⓪①②③④⑤⑥⑦⑧⑨
カ	−⓪①②③④⑤⑥⑦⑧⑨
キ	−⓪①②③④⑤⑥⑦⑧⑨
ク	−⓪①②③④⑤⑥⑦⑧⑨
ケ	−⓪①②③④⑤⑥⑦⑧⑨
コ	−⓪①②③④⑤⑥⑦⑧⑨
サ	−⓪①②③④⑤⑥⑦⑧⑨
シ	−⓪①②③④⑤⑥⑦⑧⑨
ス	−⓪①②③④⑤⑥⑦⑧⑨
セ	−⓪①②③④⑤⑥⑦⑧⑨
ソ	−⓪①②③④⑤⑥⑦⑧⑨

3

	解答欄 −0123456789
ア	−⓪①②③④⑤⑥⑦⑧⑨
イ	−⓪①②③④⑤⑥⑦⑧⑨
ウ	−⓪①②③④⑤⑥⑦⑧⑨
エ	−⓪①②③④⑤⑥⑦⑧⑨
オ	−⓪①②③④⑤⑥⑦⑧⑨
カ	−⓪①②③④⑤⑥⑦⑧⑨
キ	−⓪①②③④⑤⑥⑦⑧⑨
ク	−⓪①②③④⑤⑥⑦⑧⑨
ケ	−⓪①②③④⑤⑥⑦⑧⑨
コ	−⓪①②③④⑤⑥⑦⑧⑨
サ	−⓪①②③④⑤⑥⑦⑧⑨
シ	−⓪①②③④⑤⑥⑦⑧⑨
ス	−⓪①②③④⑤⑥⑦⑧⑨
セ	−⓪①②③④⑤⑥⑦⑧⑨
ソ	−⓪①②③④⑤⑥⑦⑧⑨

- - - - - キ　リ　ト　リ　線 - - - - -

4 解答欄

	−	0	1	2	3	4	5	6	7	8	9
ア	−	0	1	2	3	4	5	6	7	8	9
イ	−	0	1	2	3	4	5	6	7	8	9
ウ	−	0	1	2	3	4	5	6	7	8	9
エ	−	0	1	2	3	4	5	6	7	8	9
オ	−	0	1	2	3	4	5	6	7	8	9
カ	−	0	1	2	3	4	5	6	7	8	9
キ	−	0	1	2	3	4	5	6	7	8	9
ク	−	0	1	2	3	4	5	6	7	8	9
ケ	−	0	1	2	3	4	5	6	7	8	9
コ	−	0	1	2	3	4	5	6	7	8	9
サ	−	0	1	2	3	4	5	6	7	8	9
シ	−	0	1	2	3	4	5	6	7	8	9
ス	−	0	1	2	3	4	5	6	7	8	9
セ	−	0	1	2	3	4	5	6	7	8	9
ソ	−	0	1	2	3	4	5	6	7	8	9

5 解答欄

	−	0	1	2	3	4	5	6	7	8	9
ア	−	0	1	2	3	4	5	6	7	8	9
イ	−	0	1	2	3	4	5	6	7	8	9
ウ	−	0	1	2	3	4	5	6	7	8	9
エ	−	0	1	2	3	4	5	6	7	8	9
オ	−	0	1	2	3	4	5	6	7	8	9
カ	−	0	1	2	3	4	5	6	7	8	9
キ	−	0	1	2	3	4	5	6	7	8	9
ク	−	0	1	2	3	4	5	6	7	8	9
ケ	−	0	1	2	3	4	5	6	7	8	9
コ	−	0	1	2	3	4	5	6	7	8	9
サ	−	0	1	2	3	4	5	6	7	8	9
シ	−	0	1	2	3	4	5	6	7	8	9
ス	−	0	1	2	3	4	5	6	7	8	9
セ	−	0	1	2	3	4	5	6	7	8	9
ソ	−	0	1	2	3	4	5	6	7	8	9

6 解答欄

	−	0	1	2	3	4	5	6	7	8	9
ア	−	0	1	2	3	4	5	6	7	8	9
イ	−	0	1	2	3	4	5	6	7	8	9
ウ	−	0	1	2	3	4	5	6	7	8	9
エ	−	0	1	2	3	4	5	6	7	8	9
オ	−	0	1	2	3	4	5	6	7	8	9
カ	−	0	1	2	3	4	5	6	7	8	9
キ	−	0	1	2	3	4	5	6	7	8	9
ク	−	0	1	2	3	4	5	6	7	8	9
ケ	−	0	1	2	3	4	5	6	7	8	9
コ	−	0	1	2	3	4	5	6	7	8	9
サ	−	0	1	2	3	4	5	6	7	8	9
シ	−	0	1	2	3	4	5	6	7	8	9
ス	−	0	1	2	3	4	5	6	7	8	9
セ	−	0	1	2	3	4	5	6	7	8	9
ソ	−	0	1	2	3	4	5	6	7	8	9

第　回　高等学校卒業程度認定試験

数学　解答用紙

氏名

（注意事項）
1. 記入はすべてHBまたはHBの黒色鉛筆を使用してください。
2. 訂正するときは、プラスチックの消しゴムでて丁寧に消し、消しくずを残さないでください。
3. 所定の記入欄以外には何も記入しないでください。
4. 解答用紙を汚したり、折り曲げたりしないでください。
5. マーク例　良い例　●　悪い例 ○ ◑ ◐ ◖ ◗

受験地

北海道 ○	滋賀 ○		
青森 ○	京都 ○		
岩手 ○	大阪 ○		
宮城 ○	兵庫 ○		
秋田 ○	奈良 ○		
山形 ○	和歌山 ○		
福島 ○	鳥取 ○		
茨城 ○	島根 ○		
栃木 ○	岡山 ○		
群馬 ○	広島 ○		
埼玉 ○	山口 ○		
千葉 ○	徳島 ○		
東京 ○	香川 ○		
神奈川 ○	愛媛 ○		
新潟 ○	高知 ○		
富山 ○	福岡 ○		
石川 ○	佐賀 ○		
福井 ○	長崎 ○		
山梨 ○	熊本 ○		
長野 ○	大分 ○		
岐阜 ○	宮崎 ○		
静岡 ○	鹿児島 ○		
愛知 ○	沖縄 ○		
三重 ○			

生年月日

年号：明治 (M)　大正 (T)　昭和 (S)　平成 (H)

受験番号

解答欄 1

各行 ア イ ウ エ オ カ キ ク ケ コ サ シ ス セ ソ
各列 − 0 1 2 3 4 5 6 7 8 9

解答欄 2

各行 ア イ ウ エ オ カ キ ク ケ コ サ シ ス セ ソ
各列 − 0 1 2 3 4 5 6 7 8 9

解答欄 3

各行 ア イ ウ エ オ カ キ ク ケ コ サ シ ス セ ソ
各列 − 0 1 2 3 4 5 6 7 8 9

キリトリ線

4 解答欄

	−1 0 1 2 3 4 5 6 7 8 9
ア	−1 0 1 2 3 4 5 6 7 8 9
イ	−1 0 1 2 3 4 5 6 7 8 9
ウ	−1 0 1 2 3 4 5 6 7 8 9
エ	−1 0 1 2 3 4 5 6 7 8 9
オ	−1 0 1 2 3 4 5 6 7 8 9
カ	−1 0 1 2 3 4 5 6 7 8 9
キ	−1 0 1 2 3 4 5 6 7 8 9
ク	−1 0 1 2 3 4 5 6 7 8 9
ケ	−1 0 1 2 3 4 5 6 7 8 9
コ	−1 0 1 2 3 4 5 6 7 8 9
サ	−1 0 1 2 3 4 5 6 7 8 9
シ	−1 0 1 2 3 4 5 6 7 8 9
ス	−1 0 1 2 3 4 5 6 7 8 9
セ	−1 0 1 2 3 4 5 6 7 8 9
ソ	−1 0 1 2 3 4 5 6 7 8 9

5 解答欄

	−1 0 1 2 3 4 5 6 7 8 9
ア	−1 0 1 2 3 4 5 6 7 8 9
イ	−1 0 1 2 3 4 5 6 7 8 9
ウ	−1 0 1 2 3 4 5 6 7 8 9
エ	−1 0 1 2 3 4 5 6 7 8 9
オ	−1 0 1 2 3 4 5 6 7 8 9
カ	−1 0 1 2 3 4 5 6 7 8 9
キ	−1 0 1 2 3 4 5 6 7 8 9
ク	−1 0 1 2 3 4 5 6 7 8 9
ケ	−1 0 1 2 3 4 5 6 7 8 9
コ	−1 0 1 2 3 4 5 6 7 8 9
サ	−1 0 1 2 3 4 5 6 7 8 9
シ	−1 0 1 2 3 4 5 6 7 8 9
ス	−1 0 1 2 3 4 5 6 7 8 9
セ	−1 0 1 2 3 4 5 6 7 8 9
ソ	−1 0 1 2 3 4 5 6 7 8 9

6 解答欄

	−1 0 1 2 3 4 5 6 7 8 9
ア	−1 0 1 2 3 4 5 6 7 8 9
イ	−1 0 1 2 3 4 5 6 7 8 9
ウ	−1 0 1 2 3 4 5 6 7 8 9
エ	−1 0 1 2 3 4 5 6 7 8 9
オ	−1 0 1 2 3 4 5 6 7 8 9
カ	−1 0 1 2 3 4 5 6 7 8 9
キ	−1 0 1 2 3 4 5 6 7 8 9
ク	−1 0 1 2 3 4 5 6 7 8 9
ケ	−1 0 1 2 3 4 5 6 7 8 9
コ	−1 0 1 2 3 4 5 6 7 8 9
サ	−1 0 1 2 3 4 5 6 7 8 9
シ	−1 0 1 2 3 4 5 6 7 8 9
ス	−1 0 1 2 3 4 5 6 7 8 9
セ	−1 0 1 2 3 4 5 6 7 8 9
ソ	−1 0 1 2 3 4 5 6 7 8 9

第　回　高等学校卒業程度認定試験

数学　解答用紙

氏名

年号
明治（M）
大正（T）
昭和（S）
平成（H）

生年月日 ⇒

受験番号 ⇒

3

	解　答　欄 -0 1 2 3 4 5 6 7 8 9
ア	-0①②③④⑤⑥⑦⑧⑨
イ	-0①②③④⑤⑥⑦⑧⑨
ウ	-0①②③④⑤⑥⑦⑧⑨
エ	-0①②③④⑤⑥⑦⑧⑨
オ	-0①②③④⑤⑥⑦⑧⑨
カ	-0①②③④⑤⑥⑦⑧⑨
キ	-0①②③④⑤⑥⑦⑧⑨
ク	-0①②③④⑤⑥⑦⑧⑨
ケ	-0①②③④⑤⑥⑦⑧⑨
コ	-0①②③④⑤⑥⑦⑧⑨
サ	-0①②③④⑤⑥⑦⑧⑨
シ	-0①②③④⑤⑥⑦⑧⑨
ス	-0①②③④⑤⑥⑦⑧⑨
セ	-0①②③④⑤⑥⑦⑧⑨
ソ	-0①②③④⑤⑥⑦⑧⑨

2

	解　答　欄 -0 1 2 3 4 5 6 7 8 9
ア	-0①②③④⑤⑥⑦⑧⑨
イ	-0①②③④⑤⑥⑦⑧⑨
ウ	-0①②③④⑤⑥⑦⑧⑨
エ	-0①②③④⑤⑥⑦⑧⑨
オ	-0①②③④⑤⑥⑦⑧⑨
カ	-0①②③④⑤⑥⑦⑧⑨
キ	-0①②③④⑤⑥⑦⑧⑨
ク	-0①②③④⑤⑥⑦⑧⑨
ケ	-0①②③④⑤⑥⑦⑧⑨
コ	-0①②③④⑤⑥⑦⑧⑨
サ	-0①②③④⑤⑥⑦⑧⑨
シ	-0①②③④⑤⑥⑦⑧⑨
ス	-0①②③④⑤⑥⑦⑧⑨
セ	-0①②③④⑤⑥⑦⑧⑨
ソ	-0①②③④⑤⑥⑦⑧⑨

1

	解　答　欄 -0 1 2 3 4 5 6 7 8 9
ア	-0①②③④⑤⑥⑦⑧⑨
イ	-0①②③④⑤⑥⑦⑧⑨
ウ	-0①②③④⑤⑥⑦⑧⑨
エ	-0①②③④⑤⑥⑦⑧⑨
オ	-0①②③④⑤⑥⑦⑧⑨
カ	-0①②③④⑤⑥⑦⑧⑨
キ	-0①②③④⑤⑥⑦⑧⑨
ク	-0①②③④⑤⑥⑦⑧⑨
ケ	-0①②③④⑤⑥⑦⑧⑨
コ	-0①②③④⑤⑥⑦⑧⑨
サ	-0①②③④⑤⑥⑦⑧⑨
シ	-0①②③④⑤⑥⑦⑧⑨
ス	-0①②③④⑤⑥⑦⑧⑨
セ	-0①②③④⑤⑥⑦⑧⑨
ソ	-0①②③④⑤⑥⑦⑧⑨

受験地

北海道 ○　青森 ○　岩手 ○　宮城 ○　秋田 ○　山形 ○　福島 ○　茨城 ○　栃木 ○　群馬 ○　埼玉 ○　千葉 ○　東京 ○　神奈川 ○　新潟 ○　富山 ○　石川 ○　福井 ○　山梨 ○　長野 ○　岐阜 ○　静岡 ○　愛知 ○　三重 ○

滋賀 ○　京都 ○　大阪 ○　兵庫 ○　奈良 ○　和歌山 ○　鳥取 ○　島根 ○　岡山 ○　広島 ○　山口 ○　徳島 ○　香川 ○　愛媛 ○　高知 ○　福岡 ○　佐賀 ○　長崎 ○　熊本 ○　大分 ○　宮崎 ○　鹿児島 ○　沖縄 ○

キリトリ線

4　解答欄

	-1 0 1 2 3 4 5 6 7 8 9
ア	⊖ ⓪ ① ② ③ ④ ⑤ ⑥ ⑦ ⑧ ⑨
イ	⊖ ⓪ ① ② ③ ④ ⑤ ⑥ ⑦ ⑧ ⑨
ウ	⊖ ⓪ ① ② ③ ④ ⑤ ⑥ ⑦ ⑧ ⑨
エ	⊖ ⓪ ① ② ③ ④ ⑤ ⑥ ⑦ ⑧ ⑨
オ	⊖ ⓪ ① ② ③ ④ ⑤ ⑥ ⑦ ⑧ ⑨
カ	⊖ ⓪ ① ② ③ ④ ⑤ ⑥ ⑦ ⑧ ⑨
キ	⊖ ⓪ ① ② ③ ④ ⑤ ⑥ ⑦ ⑧ ⑨
ク	⊖ ⓪ ① ② ③ ④ ⑤ ⑥ ⑦ ⑧ ⑨
ケ	⊖ ⓪ ① ② ③ ④ ⑤ ⑥ ⑦ ⑧ ⑨
コ	⊖ ⓪ ① ② ③ ④ ⑤ ⑥ ⑦ ⑧ ⑨
サ	⊖ ⓪ ① ② ③ ④ ⑤ ⑥ ⑦ ⑧ ⑨
シ	⊖ ⓪ ① ② ③ ④ ⑤ ⑥ ⑦ ⑧ ⑨
ス	⊖ ⓪ ① ② ③ ④ ⑤ ⑥ ⑦ ⑧ ⑨
セ	⊖ ⓪ ① ② ③ ④ ⑤ ⑥ ⑦ ⑧ ⑨
ソ	⊖ ⓪ ① ② ③ ④ ⑤ ⑥ ⑦ ⑧ ⑨

5　解答欄

	-1 0 1 2 3 4 5 6 7 8 9
ア	⊖ ⓪ ① ② ③ ④ ⑤ ⑥ ⑦ ⑧ ⑨
イ	⊖ ⓪ ① ② ③ ④ ⑤ ⑥ ⑦ ⑧ ⑨
ウ	⊖ ⓪ ① ② ③ ④ ⑤ ⑥ ⑦ ⑧ ⑨
エ	⊖ ⓪ ① ② ③ ④ ⑤ ⑥ ⑦ ⑧ ⑨
オ	⊖ ⓪ ① ② ③ ④ ⑤ ⑥ ⑦ ⑧ ⑨
カ	⊖ ⓪ ① ② ③ ④ ⑤ ⑥ ⑦ ⑧ ⑨
キ	⊖ ⓪ ① ② ③ ④ ⑤ ⑥ ⑦ ⑧ ⑨
ク	⊖ ⓪ ① ② ③ ④ ⑤ ⑥ ⑦ ⑧ ⑨
ケ	⊖ ⓪ ① ② ③ ④ ⑤ ⑥ ⑦ ⑧ ⑨
コ	⊖ ⓪ ① ② ③ ④ ⑤ ⑥ ⑦ ⑧ ⑨
サ	⊖ ⓪ ① ② ③ ④ ⑤ ⑥ ⑦ ⑧ ⑨
シ	⊖ ⓪ ① ② ③ ④ ⑤ ⑥ ⑦ ⑧ ⑨
ス	⊖ ⓪ ① ② ③ ④ ⑤ ⑥ ⑦ ⑧ ⑨
セ	⊖ ⓪ ① ② ③ ④ ⑤ ⑥ ⑦ ⑧ ⑨
ソ	⊖ ⓪ ① ② ③ ④ ⑤ ⑥ ⑦ ⑧ ⑨

6　解答欄

	-1 0 1 2 3 4 5 6 7 8 9
ア	⊖ ⓪ ① ② ③ ④ ⑤ ⑥ ⑦ ⑧ ⑨
イ	⊖ ⓪ ① ② ③ ④ ⑤ ⑥ ⑦ ⑧ ⑨
ウ	⊖ ⓪ ① ② ③ ④ ⑤ ⑥ ⑦ ⑧ ⑨
エ	⊖ ⓪ ① ② ③ ④ ⑤ ⑥ ⑦ ⑧ ⑨
オ	⊖ ⓪ ① ② ③ ④ ⑤ ⑥ ⑦ ⑧ ⑨
カ	⊖ ⓪ ① ② ③ ④ ⑤ ⑥ ⑦ ⑧ ⑨
キ	⊖ ⓪ ① ② ③ ④ ⑤ ⑥ ⑦ ⑧ ⑨
ク	⊖ ⓪ ① ② ③ ④ ⑤ ⑥ ⑦ ⑧ ⑨
ケ	⊖ ⓪ ① ② ③ ④ ⑤ ⑥ ⑦ ⑧ ⑨
コ	⊖ ⓪ ① ② ③ ④ ⑤ ⑥ ⑦ ⑧ ⑨
サ	⊖ ⓪ ① ② ③ ④ ⑤ ⑥ ⑦ ⑧ ⑨
シ	⊖ ⓪ ① ② ③ ④ ⑤ ⑥ ⑦ ⑧ ⑨
ス	⊖ ⓪ ① ② ③ ④ ⑤ ⑥ ⑦ ⑧ ⑨
セ	⊖ ⓪ ① ② ③ ④ ⑤ ⑥ ⑦ ⑧ ⑨
ソ	⊖ ⓪ ① ② ③ ④ ⑤ ⑥ ⑦ ⑧ ⑨

第　回　高等学校卒業程度認定試験

数学　解答用紙

氏名

生年月日 ⇒
年号　明治(M)　大正(T)　昭和(S)　平成(H)

受験番号 ⇒

（注意事項）
1. 記入はすべてHBまたはHBの黒色鉛筆を使用してください。
2. 訂正するときは、プラスチックの消しゴムで丁寧に消し、消しくずを残さないでください。
3. 所定の記入欄以外には何も記入しないでください。
4. 解答用紙を汚したり、折り曲げたりしないでください。
5. マーク例　良い例 ●　悪い例 ⦿ ◓ ◑ ◔ ◉ ⊘

受験地

北海道 ○	千葉 ○	滋賀 ○	鳥取 ○	佐賀 ○
青森 ○	東京 ○	京都 ○	島根 ○	長崎 ○
岩手 ○	神奈川 ○	大阪 ○	岡山 ○	熊本 ○
宮城 ○	新潟 ○	兵庫 ○	広島 ○	大分 ○
秋田 ○	富山 ○	奈良 ○	山口 ○	宮崎 ○
山形 ○	石川 ○	和歌山 ○	徳島 ○	鹿児島 ○
福島 ○	福井 ○	鳥取 ○	香川 ○	沖縄 ○
茨城 ○	山梨 ○		愛媛 ○	
栃木 ○	長野 ○		高知 ○	
群馬 ○	岐阜 ○		福岡 ○	
埼玉 ○	静岡 ○			
	愛知 ○			
	三重 ○			

解答欄 1

	解答欄
	−1 0 1 2 3 4 5 6 7 8 9
ア	−1 0 1 2 3 4 5 6 7 8 9
イ	−1 0 1 2 3 4 5 6 7 8 9
ウ	−1 0 1 2 3 4 5 6 7 8 9
エ	−1 0 1 2 3 4 5 6 7 8 9
オ	−1 0 1 2 3 4 5 6 7 8 9
カ	−1 0 1 2 3 4 5 6 7 8 9
キ	−1 0 1 2 3 4 5 6 7 8 9
ク	−1 0 1 2 3 4 5 6 7 8 9
ケ	−1 0 1 2 3 4 5 6 7 8 9
コ	−1 0 1 2 3 4 5 6 7 8 9
サ	−1 0 1 2 3 4 5 6 7 8 9
シ	−1 0 1 2 3 4 5 6 7 8 9
ス	−1 0 1 2 3 4 5 6 7 8 9
セ	−1 0 1 2 3 4 5 6 7 8 9
ソ	−1 0 1 2 3 4 5 6 7 8 9

解答欄 2

	解答欄
	−1 0 1 2 3 4 5 6 7 8 9
ア	−1 0 1 2 3 4 5 6 7 8 9
イ	−1 0 1 2 3 4 5 6 7 8 9
ウ	−1 0 1 2 3 4 5 6 7 8 9
エ	−1 0 1 2 3 4 5 6 7 8 9
オ	−1 0 1 2 3 4 5 6 7 8 9
カ	−1 0 1 2 3 4 5 6 7 8 9
キ	−1 0 1 2 3 4 5 6 7 8 9
ク	−1 0 1 2 3 4 5 6 7 8 9
ケ	−1 0 1 2 3 4 5 6 7 8 9
コ	−1 0 1 2 3 4 5 6 7 8 9
サ	−1 0 1 2 3 4 5 6 7 8 9
シ	−1 0 1 2 3 4 5 6 7 8 9
ス	−1 0 1 2 3 4 5 6 7 8 9
セ	−1 0 1 2 3 4 5 6 7 8 9
ソ	−1 0 1 2 3 4 5 6 7 8 9

解答欄 3

	解答欄
	−1 0 1 2 3 4 5 6 7 8 9
ア	−1 0 1 2 3 4 5 6 7 8 9
イ	−1 0 1 2 3 4 5 6 7 8 9
ウ	−1 0 1 2 3 4 5 6 7 8 9
エ	−1 0 1 2 3 4 5 6 7 8 9
オ	−1 0 1 2 3 4 5 6 7 8 9
カ	−1 0 1 2 3 4 5 6 7 8 9
キ	−1 0 1 2 3 4 5 6 7 8 9
ク	−1 0 1 2 3 4 5 6 7 8 9
ケ	−1 0 1 2 3 4 5 6 7 8 9
コ	−1 0 1 2 3 4 5 6 7 8 9
サ	−1 0 1 2 3 4 5 6 7 8 9
シ	−1 0 1 2 3 4 5 6 7 8 9
ス	−1 0 1 2 3 4 5 6 7 8 9
セ	−1 0 1 2 3 4 5 6 7 8 9
ソ	−1 0 1 2 3 4 5 6 7 8 9

- - - - - キ リ ト リ 線 - - - - -

4

	解　答　欄
ア	⊖ 0 1 2 3 4 5 6 7 8 9
イ	⊖ 0 1 2 3 4 5 6 7 8 9
ウ	⊖ 0 1 2 3 4 5 6 7 8 9
エ	⊖ 0 1 2 3 4 5 6 7 8 9
オ	⊖ 0 1 2 3 4 5 6 7 8 9
カ	⊖ 0 1 2 3 4 5 6 7 8 9
キ	⊖ 0 1 2 3 4 5 6 7 8 9
ク	⊖ 0 1 2 3 4 5 6 7 8 9
ケ	⊖ 0 1 2 3 4 5 6 7 8 9
コ	⊖ 0 1 2 3 4 5 6 7 8 9
サ	⊖ 0 1 2 3 4 5 6 7 8 9
シ	⊖ 0 1 2 3 4 5 6 7 8 9
ス	⊖ 0 1 2 3 4 5 6 7 8 9
セ	⊖ 0 1 2 3 4 5 6 7 8 9
ソ	⊖ 0 1 2 3 4 5 6 7 8 9

5

	解　答　欄
ア	⊖ 0 1 2 3 4 5 6 7 8 9
イ	⊖ 0 1 2 3 4 5 6 7 8 9
ウ	⊖ 0 1 2 3 4 5 6 7 8 9
エ	⊖ 0 1 2 3 4 5 6 7 8 9
オ	⊖ 0 1 2 3 4 5 6 7 8 9
カ	⊖ 0 1 2 3 4 5 6 7 8 9
キ	⊖ 0 1 2 3 4 5 6 7 8 9
ク	⊖ 0 1 2 3 4 5 6 7 8 9
ケ	⊖ 0 1 2 3 4 5 6 7 8 9
コ	⊖ 0 1 2 3 4 5 6 7 8 9
サ	⊖ 0 1 2 3 4 5 6 7 8 9
シ	⊖ 0 1 2 3 4 5 6 7 8 9
ス	⊖ 0 1 2 3 4 5 6 7 8 9
セ	⊖ 0 1 2 3 4 5 6 7 8 9
ソ	⊖ 0 1 2 3 4 5 6 7 8 9

6

	解　答　欄
ア	⊖ 0 1 2 3 4 5 6 7 8 9
イ	⊖ 0 1 2 3 4 5 6 7 8 9
ウ	⊖ 0 1 2 3 4 5 6 7 8 9
エ	⊖ 0 1 2 3 4 5 6 7 8 9
オ	⊖ 0 1 2 3 4 5 6 7 8 9
カ	⊖ 0 1 2 3 4 5 6 7 8 9
キ	⊖ 0 1 2 3 4 5 6 7 8 9
ク	⊖ 0 1 2 3 4 5 6 7 8 9
ケ	⊖ 0 1 2 3 4 5 6 7 8 9
コ	⊖ 0 1 2 3 4 5 6 7 8 9
サ	⊖ 0 1 2 3 4 5 6 7 8 9
シ	⊖ 0 1 2 3 4 5 6 7 8 9
ス	⊖ 0 1 2 3 4 5 6 7 8 9
セ	⊖ 0 1 2 3 4 5 6 7 8 9
ソ	⊖ 0 1 2 3 4 5 6 7 8 9

年号
明治（M）
大正（T）
昭和（S）
平成（H）

生年月日 ⇒

受験番号 ⇒

受験地
北海道 ○　　滋賀 ○
青森 ○　　京都 ○
岩手 ○　　大阪 ○
宮城 ○　　兵庫 ○
秋田 ○　　奈良 ○
山形 ○　　和歌山 ○
福島 ○　　鳥取 ○
茨城 ○　　島根 ○
栃木 ○　　岡山 ○
群馬 ○　　広島 ○
埼玉 ○　　山口 ○
千葉 ○　　徳島 ○
東京 ○　　香川 ○
神奈川 ○　　愛媛 ○
新潟 ○　　高知 ○
富山 ○　　福岡 ○
石川 ○　　佐賀 ○
福井 ○　　長崎 ○
山梨 ○　　熊本 ○
長野 ○　　大分 ○
岐阜 ○　　宮崎 ○
静岡 ○　　鹿児島 ○
愛知 ○　　沖縄 ○
三重 ○

1　解答欄　-0123456789
ア
イ
ウ
エ
オ
カ
キ
ク
ケ
コ
サ
シ
ス
セ
ソ

2　解答欄　-0123456789
ア
イ
ウ
エ
オ
カ
キ
ク
ケ
コ
サ
シ
ス
セ
ソ

3　解答欄　-0123456789
ア
イ
ウ
エ
オ
カ
キ
ク
ケ
コ
サ
シ
ス
セ
ソ

キリトリ線

4

	解　答　欄
ア	⊖ ⓪ ① ② ③ ④ ⑤ ⑥ ⑦ ⑧ ⑨
イ	⊖ ⓪ ① ② ③ ④ ⑤ ⑥ ⑦ ⑧ ⑨
ウ	⊖ ⓪ ① ② ③ ④ ⑤ ⑥ ⑦ ⑧ ⑨
エ	⊖ ⓪ ① ② ③ ④ ⑤ ⑥ ⑦ ⑧ ⑨
オ	⊖ ⓪ ① ② ③ ④ ⑤ ⑥ ⑦ ⑧ ⑨
カ	⊖ ⓪ ① ② ③ ④ ⑤ ⑥ ⑦ ⑧ ⑨
キ	⊖ ⓪ ① ② ③ ④ ⑤ ⑥ ⑦ ⑧ ⑨
ク	⊖ ⓪ ① ② ③ ④ ⑤ ⑥ ⑦ ⑧ ⑨
ケ	⊖ ⓪ ① ② ③ ④ ⑤ ⑥ ⑦ ⑧ ⑨
コ	⊖ ⓪ ① ② ③ ④ ⑤ ⑥ ⑦ ⑧ ⑨
サ	⊖ ⓪ ① ② ③ ④ ⑤ ⑥ ⑦ ⑧ ⑨
シ	⊖ ⓪ ① ② ③ ④ ⑤ ⑥ ⑦ ⑧ ⑨
ス	⊖ ⓪ ① ② ③ ④ ⑤ ⑥ ⑦ ⑧ ⑨
セ	⊖ ⓪ ① ② ③ ④ ⑤ ⑥ ⑦ ⑧ ⑨
ソ	⊖ ⓪ ① ② ③ ④ ⑤ ⑥ ⑦ ⑧ ⑨

5

	解　答　欄
ア	⊖ ⓪ ① ② ③ ④ ⑤ ⑥ ⑦ ⑧ ⑨
イ	⊖ ⓪ ① ② ③ ④ ⑤ ⑥ ⑦ ⑧ ⑨
ウ	⊖ ⓪ ① ② ③ ④ ⑤ ⑥ ⑦ ⑧ ⑨
エ	⊖ ⓪ ① ② ③ ④ ⑤ ⑥ ⑦ ⑧ ⑨
オ	⊖ ⓪ ① ② ③ ④ ⑤ ⑥ ⑦ ⑧ ⑨
カ	⊖ ⓪ ① ② ③ ④ ⑤ ⑥ ⑦ ⑧ ⑨
キ	⊖ ⓪ ① ② ③ ④ ⑤ ⑥ ⑦ ⑧ ⑨
ク	⊖ ⓪ ① ② ③ ④ ⑤ ⑥ ⑦ ⑧ ⑨
ケ	⊖ ⓪ ① ② ③ ④ ⑤ ⑥ ⑦ ⑧ ⑨
コ	⊖ ⓪ ① ② ③ ④ ⑤ ⑥ ⑦ ⑧ ⑨
サ	⊖ ⓪ ① ② ③ ④ ⑤ ⑥ ⑦ ⑧ ⑨
シ	⊖ ⓪ ① ② ③ ④ ⑤ ⑥ ⑦ ⑧ ⑨
ス	⊖ ⓪ ① ② ③ ④ ⑤ ⑥ ⑦ ⑧ ⑨
セ	⊖ ⓪ ① ② ③ ④ ⑤ ⑥ ⑦ ⑧ ⑨
ソ	⊖ ⓪ ① ② ③ ④ ⑤ ⑥ ⑦ ⑧ ⑨

6

	解　答　欄
ア	⊖ ⓪ ① ② ③ ④ ⑤ ⑥ ⑦ ⑧ ⑨
イ	⊖ ⓪ ① ② ③ ④ ⑤ ⑥ ⑦ ⑧ ⑨
ウ	⊖ ⓪ ① ② ③ ④ ⑤ ⑥ ⑦ ⑧ ⑨
エ	⊖ ⓪ ① ② ③ ④ ⑤ ⑥ ⑦ ⑧ ⑨
オ	⊖ ⓪ ① ② ③ ④ ⑤ ⑥ ⑦ ⑧ ⑨
カ	⊖ ⓪ ① ② ③ ④ ⑤ ⑥ ⑦ ⑧ ⑨
キ	⊖ ⓪ ① ② ③ ④ ⑤ ⑥ ⑦ ⑧ ⑨
ク	⊖ ⓪ ① ② ③ ④ ⑤ ⑥ ⑦ ⑧ ⑨
ケ	⊖ ⓪ ① ② ③ ④ ⑤ ⑥ ⑦ ⑧ ⑨
コ	⊖ ⓪ ① ② ③ ④ ⑤ ⑥ ⑦ ⑧ ⑨
サ	⊖ ⓪ ① ② ③ ④ ⑤ ⑥ ⑦ ⑧ ⑨
シ	⊖ ⓪ ① ② ③ ④ ⑤ ⑥ ⑦ ⑧ ⑨
ス	⊖ ⓪ ① ② ③ ④ ⑤ ⑥ ⑦ ⑧ ⑨
セ	⊖ ⓪ ① ② ③ ④ ⑤ ⑥ ⑦ ⑧ ⑨
ソ	⊖ ⓪ ① ② ③ ④ ⑤ ⑥ ⑦ ⑧ ⑨

第　回　高等学校卒業程度認定試験

数学　解答用紙

氏　名

生年月日 ⇒

年号					
明治 (M)	⓪①②③				
大正 (T)	⓪①②③				
昭和 (S)	⓪①②③④⑤⑥⑦⑧⑨				
平成 (H)	⓪①②③④⑤⑥⑦⑧⑨				

⓪①②③④⑤⑥⑦⑧⑨
⓪①②③④⑤⑥⑦⑧⑨

受験番号 ⇒

①
⓪①②③④⑤⑥⑦⑧⑨
⓪①②③④⑤⑥⑦⑧⑨
⓪①②③④⑤⑥⑦⑧⑨
⓪①②③④⑤⑥⑦⑧⑨

(注意事項)
1. 記入はすべてHBまたはHBの黒色鉛筆を使用してください。
2. 訂正するときは、プラスチックの消しゴムで丁寧に消し、消しくずを残さないでください。
3. 所定の記入欄以外には何も記入しないでください。
4. 解答用紙を汚したり、折り曲げたりしないでください。
5. マーク例　良い例 ●　悪い例 ◐ ◑ ● ◍ ◌ ⊘

受験地

北海道 ○	滋賀 ○
青森 ○	京都 ○
岩手 ○	大阪 ○
宮城 ○	兵庫 ○
秋田 ○	奈良 ○
山形 ○	和歌山 ○
福島 ○	鳥取 ○
茨城 ○	島根 ○
栃木 ○	岡山 ○
群馬 ○	広島 ○
埼玉 ○	山口 ○
千葉 ○	徳島 ○
東京 ○	香川 ○
神奈川 ○	愛媛 ○
新潟 ○	高知 ○
富山 ○	福岡 ○
石川 ○	佐賀 ○
福井 ○	長崎 ○
山梨 ○	熊本 ○
長野 ○	大分 ○
岐阜 ○	宮崎 ○
静岡 ○	鹿児島 ○
愛知 ○	沖縄 ○
三重 ○	

1

	解　答　欄
	−0 1 2 3 4 5 6 7 8 9
ア	⊖ ⓪①②③④⑤⑥⑦⑧⑨
イ	⊖ ⓪①②③④⑤⑥⑦⑧⑨
ウ	⊖ ⓪①②③④⑤⑥⑦⑧⑨
エ	⊖ ⓪①②③④⑤⑥⑦⑧⑨
オ	⊖ ⓪①②③④⑤⑥⑦⑧⑨
カ	⊖ ⓪①②③④⑤⑥⑦⑧⑨
キ	⊖ ⓪①②③④⑤⑥⑦⑧⑨
ク	⊖ ⓪①②③④⑤⑥⑦⑧⑨
ケ	⊖ ⓪①②③④⑤⑥⑦⑧⑨
コ	⊖ ⓪①②③④⑤⑥⑦⑧⑨
サ	⊖ ⓪①②③④⑤⑥⑦⑧⑨
シ	⊖ ⓪①②③④⑤⑥⑦⑧⑨
ス	⊖ ⓪①②③④⑤⑥⑦⑧⑨
セ	⊖ ⓪①②③④⑤⑥⑦⑧⑨
ソ	⊖ ⓪①②③④⑤⑥⑦⑧⑨

2

	解　答　欄
	−0 1 2 3 4 5 6 7 8 9
ア	⊖ ⓪①②③④⑤⑥⑦⑧⑨
イ	⊖ ⓪①②③④⑤⑥⑦⑧⑨
ウ	⊖ ⓪①②③④⑤⑥⑦⑧⑨
エ	⊖ ⓪①②③④⑤⑥⑦⑧⑨
オ	⊖ ⓪①②③④⑤⑥⑦⑧⑨
カ	⊖ ⓪①②③④⑤⑥⑦⑧⑨
キ	⊖ ⓪①②③④⑤⑥⑦⑧⑨
ク	⊖ ⓪①②③④⑤⑥⑦⑧⑨
ケ	⊖ ⓪①②③④⑤⑥⑦⑧⑨
コ	⊖ ⓪①②③④⑤⑥⑦⑧⑨
サ	⊖ ⓪①②③④⑤⑥⑦⑧⑨
シ	⊖ ⓪①②③④⑤⑥⑦⑧⑨
ス	⊖ ⓪①②③④⑤⑥⑦⑧⑨
セ	⊖ ⓪①②③④⑤⑥⑦⑧⑨
ソ	⊖ ⓪①②③④⑤⑥⑦⑧⑨

3

	解　答　欄
	−0 1 2 3 4 5 6 7 8 9
ア	⊖ ⓪①②③④⑤⑥⑦⑧⑨
イ	⊖ ⓪①②③④⑤⑥⑦⑧⑨
ウ	⊖ ⓪①②③④⑤⑥⑦⑧⑨
エ	⊖ ⓪①②③④⑤⑥⑦⑧⑨
オ	⊖ ⓪①②③④⑤⑥⑦⑧⑨
カ	⊖ ⓪①②③④⑤⑥⑦⑧⑨
キ	⊖ ⓪①②③④⑤⑥⑦⑧⑨
ク	⊖ ⓪①②③④⑤⑥⑦⑧⑨
ケ	⊖ ⓪①②③④⑤⑥⑦⑧⑨
コ	⊖ ⓪①②③④⑤⑥⑦⑧⑨
サ	⊖ ⓪①②③④⑤⑥⑦⑧⑨
シ	⊖ ⓪①②③④⑤⑥⑦⑧⑨
ス	⊖ ⓪①②③④⑤⑥⑦⑧⑨
セ	⊖ ⓪①②③④⑤⑥⑦⑧⑨
ソ	⊖ ⓪①②③④⑤⑥⑦⑧⑨

- - - - - キ リ ト リ 線 - - - - -

キ　リ　ト　リ　線

4

	解答欄
ア	－ ⓪ ① ② ③ ④ ⑤ ⑥ ⑦ ⑧ ⑨
イ	－ ⓪ ① ② ③ ④ ⑤ ⑥ ⑦ ⑧ ⑨
ウ	－ ⓪ ① ② ③ ④ ⑤ ⑥ ⑦ ⑧ ⑨
エ	－ ⓪ ① ② ③ ④ ⑤ ⑥ ⑦ ⑧ ⑨
オ	－ ⓪ ① ② ③ ④ ⑤ ⑥ ⑦ ⑧ ⑨
カ	－ ⓪ ① ② ③ ④ ⑤ ⑥ ⑦ ⑧ ⑨
キ	－ ⓪ ① ② ③ ④ ⑤ ⑥ ⑦ ⑧ ⑨
ク	－ ⓪ ① ② ③ ④ ⑤ ⑥ ⑦ ⑧ ⑨
ケ	－ ⓪ ① ② ③ ④ ⑤ ⑥ ⑦ ⑧ ⑨
コ	－ ⓪ ① ② ③ ④ ⑤ ⑥ ⑦ ⑧ ⑨
サ	－ ⓪ ① ② ③ ④ ⑤ ⑥ ⑦ ⑧ ⑨
シ	－ ⓪ ① ② ③ ④ ⑤ ⑥ ⑦ ⑧ ⑨
ス	－ ⓪ ① ② ③ ④ ⑤ ⑥ ⑦ ⑧ ⑨
セ	－ ⓪ ① ② ③ ④ ⑤ ⑥ ⑦ ⑧ ⑨
ソ	－ ⓪ ① ② ③ ④ ⑤ ⑥ ⑦ ⑧ ⑨

5

	解答欄
ア	－ ⓪ ① ② ③ ④ ⑤ ⑥ ⑦ ⑧ ⑨
イ	－ ⓪ ① ② ③ ④ ⑤ ⑥ ⑦ ⑧ ⑨
ウ	－ ⓪ ① ② ③ ④ ⑤ ⑥ ⑦ ⑧ ⑨
エ	－ ⓪ ① ② ③ ④ ⑤ ⑥ ⑦ ⑧ ⑨
オ	－ ⓪ ① ② ③ ④ ⑤ ⑥ ⑦ ⑧ ⑨
カ	－ ⓪ ① ② ③ ④ ⑤ ⑥ ⑦ ⑧ ⑨
キ	－ ⓪ ① ② ③ ④ ⑤ ⑥ ⑦ ⑧ ⑨
ク	－ ⓪ ① ② ③ ④ ⑤ ⑥ ⑦ ⑧ ⑨
ケ	－ ⓪ ① ② ③ ④ ⑤ ⑥ ⑦ ⑧ ⑨
コ	－ ⓪ ① ② ③ ④ ⑤ ⑥ ⑦ ⑧ ⑨
サ	－ ⓪ ① ② ③ ④ ⑤ ⑥ ⑦ ⑧ ⑨
シ	－ ⓪ ① ② ③ ④ ⑤ ⑥ ⑦ ⑧ ⑨
ス	－ ⓪ ① ② ③ ④ ⑤ ⑥ ⑦ ⑧ ⑨
セ	－ ⓪ ① ② ③ ④ ⑤ ⑥ ⑦ ⑧ ⑨
ソ	－ ⓪ ① ② ③ ④ ⑤ ⑥ ⑦ ⑧ ⑨

6

	解答欄
ア	－ ⓪ ① ② ③ ④ ⑤ ⑥ ⑦ ⑧ ⑨
イ	－ ⓪ ① ② ③ ④ ⑤ ⑥ ⑦ ⑧ ⑨
ウ	－ ⓪ ① ② ③ ④ ⑤ ⑥ ⑦ ⑧ ⑨
エ	－ ⓪ ① ② ③ ④ ⑤ ⑥ ⑦ ⑧ ⑨
オ	－ ⓪ ① ② ③ ④ ⑤ ⑥ ⑦ ⑧ ⑨
カ	－ ⓪ ① ② ③ ④ ⑤ ⑥ ⑦ ⑧ ⑨
キ	－ ⓪ ① ② ③ ④ ⑤ ⑥ ⑦ ⑧ ⑨
ク	－ ⓪ ① ② ③ ④ ⑤ ⑥ ⑦ ⑧ ⑨
ケ	－ ⓪ ① ② ③ ④ ⑤ ⑥ ⑦ ⑧ ⑨
コ	－ ⓪ ① ② ③ ④ ⑤ ⑥ ⑦ ⑧ ⑨
サ	－ ⓪ ① ② ③ ④ ⑤ ⑥ ⑦ ⑧ ⑨
シ	－ ⓪ ① ② ③ ④ ⑤ ⑥ ⑦ ⑧ ⑨
ス	－ ⓪ ① ② ③ ④ ⑤ ⑥ ⑦ ⑧ ⑨
セ	－ ⓪ ① ② ③ ④ ⑤ ⑥ ⑦ ⑧ ⑨
ソ	－ ⓪ ① ② ③ ④ ⑤ ⑥ ⑦ ⑧ ⑨

2024　高卒認定スーパー実戦過去問題集
数　学

2024 年 2 月 13 日　初版　第 1 刷発行

編集：J-出版編集部
制作：J-Web School
発行：J-出版
〒112-0002 東京都文京区小石川2-3-4 第一川田ビル TEL 03-5800-0552
J-出版.Net　http://www.j-publish.net/

ISBN978-4-909326-94-2 C7300 Printed in Japan